全时空立德树人

力行者的向美之路

主　编：王玉霞
副主编：叶春红
　　　　钟　华
　　　　马　屾

QUANSHIKONG
LIDE SHUREN

LIXINGZHE DE
XIANGMEI ZHILU

国际文化出版公司
·北京·

编委会

前　言

习近平总书记在 2018 年 9 月 10 日召开的全国教育大会上的讲话中强调："要把立德树人融入思想道德教育、文化知识教育、社会实践教育各环节，贯穿基础教育、职业教育、高等教育各领域，学科体系、教学体系、教材体系、管理体系要围绕这个目标来设计，教师要围绕这个目标来教，学生要围绕这个目标来学。"

"五育德为首，教书先育人。"几年来，北京市通州区南关小学的干部教师以习近平总书记上述讲话精神为指导，坚持"实施力行教育，奠基幸福人生"的办学理念，努力构建具有力行特色的德育体系，将立德树人的根本任务落实到了课程、课堂、活动、管理各项工作当中，通过立行的课程、历行的课堂、利行的环境和励行的评价，实现了塑造思想品格、培养创新精神、增强实践能力、磨砺健康身心的目标。

教师们以"力行文化理念"为引领，努力营建"利行"校园，形成"力行于礼""力行近仁""力行致远"的楼道文化，让校园成为互动、体验的场域，实现了"环境育人"的教育目的，促进了学生实践品性的养成。

教师们基于"力行教育思路"，不断完善规章制度，不断细化行为规范，不断明确德育目标，努力突出"励行"特色，积极鼓励学生实践，努力促使学生自主，从而让"管理育人"落到了实处。

教师们以"注重实践创新"为原则，以塑造"身心健康、文雅乐群、善思力行、学有特长"的力行学子为目标，以丰富多彩的体验活动为载体、综合评价为手段，将社会主义核心价值观教育、爱国主义教育、传统文化教育、劳动教育、心理健康、生态环境等主题融为一体，努力构建"争章砺行、节日砺行、诗书砺行、实践砺行、游学砺行"等德育模式，突出了"活动育人"特色。

教师们以"弘扬地域文化"为基点，以"学科整合"为手段，认真挖掘周边胡同文化，努力整合周边教育资源，形成了博物馆研学、南街小吃、门墩情缘、水墨南街、陶泥胡同等多学科整合校本课程，调动了学生了解运河文化、通州历史、民风民俗的积极性，促使学生树立起文化自信，实现了"文化育人"的目标。

教师们以"课堂"为阵地，认真挖掘教材当中的人文要素，精心设计情感、态度、价值观培养目标，努力探索"学科德育"的方法和手段，积累了在课程、课堂当中实施力行德育的心得和体会，有效落实了"课程育人"的要求。

教师们把立德树人贯穿在教书育人的全过程，不仅在传授知识、培养技能的过程中激发学生的爱国情感，培养学生的积极心理，培育学生的创新精神，还在二十四节气组织劳动训练，在传统节日开展诗歌诵读，在建队日组织心理拓展和爱国体验，在升旗、上操时加强社会主义核心价值观教育等一系列"实践育人"举措，让"爱学习、爱劳动、爱祖国"成为习惯，驻入学生心中。

教师们也积极与家庭、社会携手，构建德育网络，拓宽德育渠道。组织了新华书店体验、家长志愿者课程、法院法庭观摩、部队参观体验、院校交流学习等活动，从而让南关小学在"协同育人"的路上有了更强大的力量。

通过几年的实践，南关小学干部教师积累了"文化育人、管理育人、课程育人、活动育人、实践育人、协同育人"的收获和体会。我们将其收录在一起，形成了这本《全时空立德树人——力行者的向美之路》德育成果集，目的是梳理经验，以励未来的研究和实践。我们真诚地期望以此书架起与同行沟通的桥梁，征得更多的建议和意见，让我们的力行德育特色更加凸显，让我们的百年"南小"力行致远。

目　录

前言 i

"力行教育"构建南关小学德育机制 .... 叶春红、马屾　1

"防疫"德育课程　精彩居家生活 .... 叶春红、马屾　14

"力行"评语改革　促进学生成长 .... 叶春红、马屾　19

"抗击疫情，宅家我行"特色争章 .... 叶春红、马屾　24

"一带一路"荣耀行 .... 马屾　31

梨花簇簇开　朵朵向阳来

　　——打造少先队品牌活动　促学校文化建设 .... 马屾　38

"'软评价'促成长"，浅谈少先队入队工作改革的几点尝试 .... 马屾　45

搭建"织梦"平台　助雏鹰振翅高飞

　　——少先队大队长课堂经验浅谈 .... 马屾　55

少先队与社区结合为平台，培养少先队员的交往能力 .... 马屾　67

"胡同娃　运河情"少先队活动案例 .... 马屾　78

迟来的"优" .... 邢磊　84

沟通的力量——家校合作案例 .... 邢磊　87

润物无声——特殊学生的转化 ································· 邢磊 89

"美·德"之我见 ······································· 于菲菲 92

"研学任务单"让孩子爱上博物馆 ························· 于菲菲 96

魅力南街——通州区南关小学美术实践活动方案 ········· 于菲菲 103

家校携手 共促学生发展初探 ····················· 周华 109

拨动心弦 共谱心曲 ····························· 周华 113

沟通有温度,精诚灌注待花开 ······················· 赵学鹍 116

借QQ群帮小学低年级学生解决小事故 ················· 赵学鹍 118

把评价权还给学生 ·································· 赵学鹍 122

孩子需要什么——记一次家访经历 ····················· 赵学鹍 124

崇师德,不忘初心 ································· 赵学鹍 127

魔法巧,学生们乖巧又可人 ························· 赵学鹍 129

有种成长叫"慢成长" ······························· 赵学鹍 132

一次适时的家访 ···································· 张蒿琴 134

她变了 ··· 张蒿琴 136

提高队员心理健康素质,增强中队凝聚力 ············· 张蒿琴 138

架起家校沟通的桥梁 .... 张葛琴 141

养成好习惯，做争章好少年

　　——以自我管理为载体的班级文化建设案例谈 .... 夏建萍 143

飘落的 20 元——我的教育故事 .... 夏建萍 148

她怎么会"这样"？ .... 王月兰 151

"力行"教育中的美育 .... 王月兰 154

巧用激励性评价，呵护学生自尊、自信

　　——班级文化建设与综合素质评价整合漫谈 .... 胡建东 159

"抄袭"的风波——评价工作一例谈 .... 胡建东 165

工匠精神：耐心、专注、坚持——少先队活动案例 .... 侯海涛 169

务工子女心理健康初探 .... 侯海涛 176

家校携手　共筑队员梦 .... 郝娜 181

扬起自信风帆　到达成功彼岸 .... 郝娜 188

家校携手　共育花朵 .... 郝娜 192

教育学生需要耐心与智慧 .... 郝娜 195

展评结合　促进新生能力提升 .... 郝娜 199

重视家校共育，让学生健康快乐成长 ·············· 窦嘉雯 202

持之以恒是拯救坏习惯的良药——我的习惯养成教育案例 ········ 窦嘉雯 205

在我心里，你们是最可爱的学生 ·············· 窦嘉雯 207

浅谈"学困生"的转化 ·························· 李兰娜 210

为建设祖国而奋斗——听《黄河大合唱》有感 ·········· 李新曼 214

我与"那些花儿"的斗争 ······················ 王佳贺 217

"力行教育"构建南关小学德育机制

叶春红、马屾

【内容摘要】坚持立德树人为导向，以"力行教育"特色建设为引领，挖掘学校历史，彰显校园文化；以师德建设为抓手，提升教师为人师表、爱岗敬业、无私奉献精神；以爱国主义教育为核心，传承国学经典文化；以创建以情感人、以心育人、润物无声的"力行德育"特色为目标，传承中华美德，践行文明礼仪；以丰富多彩的社会实践活动为载体，以改革学生综合评价模式为手段，努力达到"教书育人、管理育人、服务育人"之境界，构建"力行教育"新的德育体系。大力弘扬健康向上的中华民族传统文化理念，传递启动传统文化自信与自觉的人文信息，彰显中华传统语言文字的魅力，提高语言文字应用水平，建设中华民族共有精神家园，大力推进社会主义核心价值体系建设。

我校坚持"实施力行教育，奠基幸福人生"的办学理念，努力挖掘社会主义核心价值观内涵，并将价值观的内容融入学校教学及德育计划中，通过立行的课程、历行的课堂、利行的环境和励行的评价，打造我校独有的力行文化。

学校以"力行教育"特色建设为引领，挖掘学校历史，彰显校园文化；以师德建设为抓手，提升教师为人师表、爱岗敬业、无私奉献的精神；以爱国主义教育为核心，传承国学经典文化；以创建以情感人、以心育人、润物无声的"力行德育"特色为目标，传承中华美德，践行文明礼仪；以丰富多彩的社会实践活动为载体、以改革学生综合评价模式为手段，努力达到"教书育人、管理育人、服务育人"之境界，构建"力行教育"新的德育体系。

我们认为"践行核心价值观"的关键在于行，所以在培养学生思想道德品质方面，南关小学本着"依托活动，突显力行，提升素养"的思路，组织开展活动。

开展以诚实守信、文明礼貌、遵纪守法、勤劳好学、节约环保、团结友爱等为主题的系列行动；组织学生广泛参加"学雷锋"等志愿服务和社会公益活动；教育学生主动承担家务劳动；广泛利用博物馆、美术馆、科技馆等社会资源，充分发挥各类社会实践基地、青少年活动中心（宫、家、站）等校外活动场所的作用，组织学生定期开展参观体验、专题调查等活动。逐步完善中小学生开展社会实践的体制机制，把学生参加社会实践活动的情况和成效纳入中小学教育质量综合评价和学生综合素质评价。

一、培育社会主义核心价值观

（一）教育者领悟社会主义核心价值观的内涵

1. 我校召开校领导班子会议，制订了《南关小学践行社会主义核心价值观教育活动实施方案》，成立了学校的研究小组，分工具体，职责明确，由教导处负责教师的学习，由班主任组织学生学习，并将学习要求细化到师生日常学习、工作、生活的方方面面。

2. 结合党的群众路线教育实践活动集中学习，我校渗透社会主义核心价值观基本内容的学习，通过学习中共中央《关于培育和践行社会主义核心价值观的意见》，教师明确了四个方面的基本内容：一是马克思主义指导思想是灵魂，二是中国特色社会主义共同理想是主题，三是以爱国主义为核心的民族精神和以改革创新为核心的时代精神是精髓，四是社会主义荣辱观是基础。教师对社会主义核心价值观知晓率达100%。

（二）校园营造社会主义核心价值观建设氛围

1. 在校内遍布社会主义核心价值观内容，深入渗透师生内心。通过博学楼 LED 屏、乐群操场 LED 屏进行不间断宣传，滚动播放社会主义核心价值观的 24 个字。还将"富强、民主、文明、和谐，自由、平等、公正、法治，爱国、敬业、诚信、友善"24 个字镌刻在乐群操场的南墙上，让学生每时每刻都在校园各个地方看到，在周一升旗仪式后全体背诵，全体师生已将这 24 个字熟知于心。

2. 通过网络进行宣传，包括学校网站和少先队的微博等，让学生从网络上也能看到，促进他们熟知并深刻理解社会主义核心价值体系四个方面的基本内容。

3. 在每个班级里的板报和展板上进行展示宣传，通过学生自己布置与书写，更加加深了对社会主义核心价值观内容的熟知，真正做到入脑入心。

4. 将学生的相关作品放在校园外面的橱窗里展示，向社会宣传，向家长宣传，渗透入家庭，提高社会主义核心价值观知晓率。

（三）学生多方位学习价值观

1. 每周一的升旗仪式背诵校训和社会主义核心价值观，旗下讲话对社会主义核心价值观进行解读，并以板报、橱窗、扎板、楼道走廊为阵地，采用图说社会主义核心价值观、手抄报等方式，让社会主义核心价值观根植于学生心中。

2. 开展社会主义核心价值观儿歌欣赏活动，学校在每周二广播时同时播放《社会主义核心价值观》儿歌，请同学们欣赏、跟唱。同时在音乐课上，学校有针对性地选择出颂党、爱国的革命歌曲，每周教唱一首。校园里每天都歌声洋溢，从精神上熏陶了学生。

3. 开展"少年向上真善美伴我行"读书征文活动，由中、高年级语文教师进行指导，学生搜集素材，写出了体现爱国、爱家、爱社会主义的习作，通过教师积极引导，学生树立了热爱祖国、热爱人民、努力学习、为祖国的繁荣昌

主题活动   诚信书卡

盛做贡献的思想。

4.根据不同年级的队员们的理解能力，各中队分层次开展内容丰富的中队会。低年级的主题为"五星红旗我为你骄傲"，中年级的主题为"纪念抗日战争胜利"，高年级的主题为"知法、懂法做守法小公民"。让大家了解在现今社会做一名知法、懂法、守法的合格小公民，能够有自我保护意识，懂得珍爱生命，就是爱国，也是为祖国做贡献。

二、综合实践形式多样

通过多种形式的实践活动开展"礼在行为中、礼在仪式上、礼在节日里"的礼仪教育，使学生懂得自尊自爱、尊重他人、友好相处，促进"全面育人、全程育人、全方位育人"三全德育方针的有效落实。为促使学生将文明落实到行动中，我校充分利用重要时间节点，组织开展丰富多彩的教育实践活动。比如3月成立了金火炬社团，组织学生到南大街开展志愿者宣传和保洁活动，到社区和校园开展植树护绿活动，还以"春寒料峭行感恩"为主题，组织开展"我的中国梦"英语演讲大赛、用英文讲雷锋叔叔的故事、教妈妈唱英文歌等活动，这一系列活动展现了学生昂扬向上的精神风貌。4月以"诵词寻春传美德"为主题，组织开展了古诗情景剧表演、诗歌诵读比赛、古诗配画比赛、校园之春原创诗比赛、英文古诗诵读等活动，让学生传承经典，颂扬美德。5月开展了

"十德树人"知识竞赛，还以"梨花馨韵筑梦童年"为主题，让学生将课外一小时学习的"诚信校园剧""太极扇""古诗吟诵"等成果进行汇报展示，得到了领导专家和家长的肯定。

我校的干部教师们将"力行"的"行"分解为学、做、读、悟、研几个系列，在此基础上，把核心素养、特长培养、主题活动等整合起来，构建起"南关小学五色力行校本课程"框架。蓝色励行课程为国家课程的拓展，包括学科实践和学科拓展；绿色历行课程重点强调实践、游历、调研、探究；黄色立行课程为经典诵读、节日活动、主题阅读；红色砺行课程包括心理拓展、运动游戏和班本课程。橙色利行课程包括学校文化、班级文化和社团活动。每个月以一个年级的主题活动为主打。这一课程体系，体现了当前注重实践、注重

整合的特点，着力培养学生兴趣特长、实践能力、创新精神、良好习惯和身心素质。

　　同时，学校注重整合校内外资源，为学生创造更多的实践机会。比如组织学生到社区的实践基地考察，到运河瓷画艺术馆体验，到动漫配音室去学习……同时注重与社区的关系，将场地和设备向社区开放，组织学生到社区服务等。还成立了家长委员会，设立家长开放日，让家长走进课堂听课，参加六一儿童节和特色活动展示，以增进家校之间的沟通，争取家长的支持和帮助。

三、确定年级心理拓展主题

　　为了培养学生阳光健康的心理，除了建立心理咨询室，学校还采取三项措施加强学生的心理教育：一是组织各年级段的老师们制定心理健康教育目标和主题，编写心理健康教育方案，以促使班主任将健康教育目标落到实处。二是为每个年级确定一个主题，每学期组织一次团体心理拓展和竞赛活动。三是各个班级结合各自特点，组织"培养观察力""我的注意力我做主""我的职业规划"等少先队或德育活动课，落实《中小学心理健康教育指导纲要（2012年修订）》。通过努力，我校学生人人具有阳光的心态、健康的人格，学生综合素质不断提升。

四、完善校训争章评价

为了提升学生的文明素养，引导学生从小立志向、有梦想、爱学习、爱劳动、爱祖国，学校积极推进校训争章活动，围绕笃志、乐群、博学、守信的校训设立了"笃志章""乐群章""博学章""守信章"，完善了评价标准，印制了阶段奖励证章，铸造了毕业奖章。每个学期开展"争章好少年"评选活动，并在学校中厅张贴照片……切实做到了以学生发展为核心，形成了全程育人、全方位育人的局面。

例如，学校在 2018 年 10 月开展了"迎冬奥　做文明小使者——冰雪答题王"冬奥知识竞赛主题活动。通过学习准备，二至六年级各中队派代表参加了诚信竞赛。诚信赛场是自我规范和约束的赛场，没有老师监督，队员们自己完成答题的过程。此次竞赛题目丰富多彩，内容涉及广泛，包括冬奥会历史发展、比赛项目、冬奥会文化及我国在历届冬奥会上所取得的成绩等。

五、开展梨花诗书诵读活动

　　梨花诗书诵读活动是我校的品牌，学校除了在教室钉制图书柜，还在博学楼楼道内设置造型各异的书架。学生们可以自由地把书架上摆放的书刊拿回班里或家中阅读，看完后，再放回书架上。这样做可以方便学生借阅，调动学生阅读的兴趣，同时培养学生诚信的品质。学校也积极争取社会资源，为学生提供各种图书资料。

　　借助"书香燕京"平台、"CCtalk社区"以及上一学期的读书笔记，继续开展阅读评比与展示。全校签订《阅读公约》，承诺每天阅读不少于15分钟，每

图书馆活动

作家进校园活动

做蛋糕

包粽子

重阳节活动

周写一篇读书笔记，每月开展一次阅读交流活动。各班根据情况组织一次中队阅读公益活动，评选出书香家庭、书香小队、书香少年。

六、深化节日教育内涵

学校在认真贯彻落实通州区教委小教科组织编写的《十德读本》的同时，还充分利用节假日开展教育活动，引领学生了解传统节日习俗和文化，引导学生弘扬中华民族的优秀文化传统，培养学生的实践能力。

七、推进场馆学科实践

为了促使学生将知识运用到实践当中，我们遵循"德育与教学相整合"的思路，利用社会大课堂和月主题活动推进学科整合。学生们拿着各学科的研学任务单到自然博物馆、科技馆、园博园去学习。通过采取上述措施，引导学生打破学科壁垒，整合所学知识，从而为学生营造了"开放、融合、实践"的学习空间。

例如，我校一名美术教师设计了博物馆的研学任务单，具体做法如下：

（一）查阅大量资料，借鉴成功经验

1. 教师首先登陆了首都博物馆的官网，通过"精品典藏""古今北京"等板块的浏览，了解经典藏品信息。其中，首博官网的互动社区和少儿网站，给了老师很大的启发，那里有亲切生动的讲解、幽默风趣的漫画、好玩的小游戏等多种丰富多样的学习策略，肯定能够抓住孩子的兴趣点，这样学习的效果也肯定是事半功倍的。

2. 教师购买并学习了首都博物馆的相关历史文献，深入了解馆址变迁，建筑风格等内容，为研学任务单的编订奠定了基础。

3. 教师参考了学习单的成功案例，从而开阔了思路。

（二）现场实地考察，关注重点展品

美术教师利用假期到首博实地考察，通过与首博工作人员访谈，购买相关资料，了解了首博的重点展馆和重要展品的知识，并决定将这些作为研学任务单的主要内容，以突出博物馆的特点，让学生学有所获。

（三）课内课外结合，拓展学科内容

学生在书本中学习的知识，鲜有机会学以致用，在设计研学任务单时，本着将课本知识和博物馆文物之间建立联系的原则，设计了相关的题目，以便引导学生将美术课所学的内容应用到实践当中。

（四）结合学生情况，满足实际需求

实践中，遵循以下几个原则设计研学任务单，以便让学习任务符合小学生的身心发展规律，激发学生的研学兴趣。

一是互动性。加入更多的图像和联想内容，让学生与文物产生互动。

二是启发性。加入启发学生思考的问题，让学生进行辨析。

三是规则性。融入"参观礼仪"，引导学生文明有序参观，做有素质的公民。

（五）多元评价反馈，真正入脑入心

在研学任务单中，还以表格、建议、手绘思维导图、图文日记等方式，让学生把学习的收获展现出来，真正达到主动学习的目的。

（六）接受实践检验，学习效果显著

2018 年 4 月，学校五、六年级组织了"首都博物馆之旅"，在实践活动中，这份尚未成熟的研学任务单接受了体验者的检验，我们从反馈中了解到学生很喜欢研学任务单这种形式，学习效果是十分显著的。

八、感受老城胡同魅力

为深入贯彻中央文明办《关于开展"扣好人生第一粒扣子"主题教育实践

活动的通知》精神，全面落实党中央提出的"培养担当民族复兴大任的时代新人"要求，紧密结合创建首都文明城市、疏解整治促提升全市重点工作，巩固文明街巷、文明商户创建、背街小巷环境整治提升成果，在校内校外开展了一系列文明教育活动。少先大队金火炬志愿队致力服务于学校所处的"十八个半截"胡同社区。这是通州城区里的老胡同区，有着悠久的历史文化。如今，胡同里的变化非常大，环境更加优美，生活更加便利，队员们在胡同里写生、摄影，在胡同里开展少先队活动，参与胡同的文化建设。

组织全校师生积极进行南街胡同特色文化诗词歌赋创作，传承中华民族诗词文化，热情讴歌改革开放和现代化建设取得的伟大成就，抒发爱党、爱国、爱社会主义、爱家乡的真挚情感。我们通过一系列的工作与改进，大力弘扬健康向上的中华民族传统文化理念，传递启动传统文化自信与自觉的人文信息，彰显中华传统语言文字的魅力，提高语言文字应用水平，建设中华民族共有精神家园，大力推进社会主义核心价值体系建设。

学校创新德育机制工作报告

基本信息						
编号		区县	通州区	中学		小学
题目	"力行教育"构建南关小学德育机制					
工作职务	姓名	学校名称		手机	电子邮箱	
德育校长	叶春红	通州区南关小学				
德育主任	马屾	通州区南关小学				
班会说明						
制度的实践背景	以丰富多彩的社会实践活动为载体，以改革学生综合评价模式为手段，努力达到"教书育人、管理育人、服务育人"之境界，构建"力行教育"新的德育体系。					
执行制度中的典型案例及效果（可穿插图片及相关资料照片）						

"防疫"德育课程　精彩居家生活

叶春红、马屾

【内容摘要】充分挖掘和利用"互联网＋教育"平台，构建疫情期间的德育课程，培养学生积极的人生态度、正确的人生价值观，做有理想、有道德、有文化、有纪律的一代新人。

在因新冠肺炎疫情防控延迟开学期间，南关小学的孩子们正经历一场深刻的精神洗礼和灵魂洗涤。从疫情防控到参与劳动，从艺术创作到亲子阅读，我们的线上德育课从未停止。我校根据各年级学生的年龄特点，充分地挖掘和利用"互联网＋教育"平台，通过线上对学生开展爱党与爱国主义教育、中华传统美德教育、社会责任担当教育、生命健康教育、心理健康教育、舆论引导教育、生活劳动教育、生态环境保护教育、榜样教育、感恩教育、家校联动教育等形式多样的"线上德育课"，从小培养学生积极的人生态度、正确的人生价值观、良好的学习习惯、健康的心理素质、高尚的道德情操和生活情趣，从小在孩子的心中铸就美好的心灵世界、良好的道德品质和高尚的精神向往，让孩子们的心境得到净化，思想得到提升，人格得到升华。

一、课程内容丰富无叠加

"防疫"系列德育课程的内容主要包含三大板块，每个主题又有不同的单元内容，分别是：

生命教育板块，四个内容：防护技能、环境保护、交流沟通、时间规划。爱国主义教育板块，两个内容：新闻时政、先锋榜样。校级德育活动课和少先队活动（云队会、云队微话）板块，包括法制道德、生命安全、少先队组织活动。

二、课程安排合理无负担

（一）生命教育板块和爱国主义教育板块以年级为主题单位，利用年级网络资源室或微信平台。每周自定时间、平台按主题开展（由年级全体班主任协商、协作完成）。

（二）校级德育活动课和少先队活动则固定时间在 CCtalk 平台上开展。以上活动，学生均自愿参加，生成的反馈作品（自愿、不限数量），可在年级群讨论帖端口或微信群自主提交。

（三）区级心理健康课教育资源推送由于菲菲老师负责，在收到区资源后，第一时间推送到南关小学师生公共群中相关课程内。校级健康课教育资源推送由何艳老师负责，适时推送到南关小学师生公共群中相关课程内。

（四）班主任老师们可在人民网、新华网、未来网、中国少年报微信公众号等平台收集教育资源。通过这些资源的学习，让学生学会关爱他人，增加防控知识的学习。推荐学生自愿登录"教育部全国青少年普法"等平台学习法律知识，增强学生的法律意识。

（五）当周活动开展后，当周周五之前，每位班主任老师以百字短文方式撰写教育心得亮点或过程记录，在 CCtalk 南关小学教师群相应的讨论帖自主提交。（根据当周本年级主题撰写）

三、家校合作课程无困境

（一）做心理健康少年

德育部联合家校项目开展线上心理健康的教育，让孩子们学会在疫情面前淡定面对，不急不慌，做个健康、乐观的健康少年。我校通过线上教学对孩子们开展"家校心理健康教育课"，帮助孩子树立在出现心理行为问题时的求助意识，促进孩子们形成健康的心理，维护孩子们的心理健康，减少和避免对他们心理健康的各种不利影响，培养他们做身心健康，具有创新精神和实践能力，有理想、有道德、有文化、有纪律的一代新人。

（二）做劳动实践少年

目前，学校德育部正在推出"二十四节气中的劳动实践"，春分的"勤奉一盏茶，揽春入怀中"、清明的"明后芽苗菜，怎一个鲜字了得"，以及谷雨时的整理衣柜等活动，意在引导学生关注节气对人生活的影响，教育学生应该顺应时节理身立身，自立自强，掌握更多的自理技能。

班主任老师们巧妙地结合云小队设计了居家亲子阅读、居家锻炼、居家劳动等活动，如四（1）、四（3）、三（3）等班级；通过云小队这个网络组织共同学习，还帮助孩子们培养了良好的自我学习能力并且减轻了在家学习的无序化和焦虑感；自主学习培养方面，六（2）、二（1）、六（3）、二（3）班做得很出色；四年级四个班和三（4）班开展的预防焦虑的心理健康活动，为孩子们居家学习保驾护航。

课程 \ 类别 \ 时间		3月2日—3月6日			3月9日—3月13日		
防疫系列德育课程	生命教育篇【年级联合班会】	一年级	二年级	三年级	四年级	五年级	六年级
		我和爸妈比防护（健康教育）	保护地球就是保护我自己。	新冠病毒理智面对，我不怕你(心理健康教育)	如何面对爱的"唠叨"（心理健康教育）	谣言止于智者	有规划，才有收获（心理健康教育）
	爱国教育篇【年级联合班会】	四年级	五年级	六年级	一年级	二年级	三年级
		戴口罩仅仅是一个人的事吗	医护人员我来赞	疫情中的"一方有难八方支援"	我想说，谢谢你（逆行天使的故事）	我们社区的志愿者	致奋战在岗位上的爸爸妈妈

课程	时间 类别	3月2日—3月6日	3月9日—3月13日
防疫系列德育课程	说明	以年级为主题单位，利用年级网络资源室或微信平台。每次自主开展，自年级全体班主任协商、协作完成。学生自愿参加活动，完成反馈作品（自愿、不限数量），学生可在年级群讨论帖端口或微信群自主提交。	
	道德与法制篇	德育活动课校级 每周四7：00—7：30	2月27日张宏伟老师，爱国主义教育（校级） 3月12日张宏伟老师，道德与法制	3月12日张宏伟老师：道德与法制
	少先队篇	家校互动少先队活动课（马屾）每周二7：00—7：30	1.家校互动（学习习惯） 2.云队微话："光辉的少先队一路走来" 3.法制安全教育云队课	1.家校互动（如何有效制订计划） 2.云队微话:优秀云小队展、优秀榜样故事展播
	健康教育篇	区级心理健康课教育资源推送	"感恩生命感恩有你""从电影中了解少先队""学会心理自助呵护心灵健康""情绪ABC——乐观学习""缓解焦虑情绪"于菲菲老师负责根据区里发布及时推送	
		校级健康课教育资源推送	"预防肥胖①""预防肥胖②""认识新冠肺炎"何艳老师负责	
	班主任（辅导员）交流研讨	每周五之前以百字短文方式在教师群讨论帖自主提交。（根据当周本年级主题撰写）	

四、居家生活"疫"精彩

少先大队时时推送从人民网、新华网、未来网、中国少年报微信公众号等平台收集的教育资源。通过这些资源的学习，让学生学会关爱他人，增加防控知识的学习。推荐学生自愿登录"教育部全国青少年普法"等平台学习法律知识，增强学生的法律意识。同时，德育部、少先大队汇集市区各个端口和平台，组织学生完成作品并上传。三年级一名队员的绘画作品入选"中国儿童艺术教育"公众号作品展。四年级一名队员的吉他弹唱收录到教委居家战"疫"的展示中。

德育、大队部联合北京城市副中心 1077 广播《红领巾好声音》开展亲子居家阅读活动，激发孩子们的读书热情，使孩子们养成"爱读书、读好书、好读书"的良好习惯，让孩子们在读书中汲取营养，开阔视野，拓展知识，陶冶情操，从中感受学习的快乐，体验成长的乐趣，不断提升自我阅读品位，为精神打底，为人生奠基；通过开展全民阅读教育活动，带动"学习型家庭""书香家庭"建设，营造浓厚的书香氛围，为孩子的成长创造理想环境。我们有先后 12 位队员的读课文录音入选副中心广播，他们还成为 1077《红领巾好声音》节目专栏的主播。同学们踊跃参与副中心广播 1077 粉丝俱乐部的朗读课文活动，有上千余人次参与录制并上传自己的音频。同时，我们关注居家心理健康和居家亲子关系，帮助家长有效陪伴孩子们学习。

千教万教，教人求真；千学万学，学做真人。"百育德为首，教书先育人"，停课不停学。当下，我们不仅要让学生懂得知识，更要让学生学会做人，学会保护自己、珍爱生命，答好战"疫"的答卷，从战"疫"中收获人生最重要的一课。

"力行"评语改革　促进学生成长

叶春红、马岫

【内容摘要】努力挖掘南关小学百年文化内涵，在巩固已有教育教学成果的基础上，扎实推进"力行"教育，促进学生全面发展，推动学校可持续发展。

学生综合素质评价中，评语是评价学生在校表现的一种较为直接的传统方法，写好操行评语是综合素质评价的关键内容。

"力行"评语改革，既有平时评语的及时性，又有评语的激励性，还有评语的多样性，确立了学生的主体地位，促进了教师对学生的深层次了解和研究，提高了教师的评价水平，在其作用下，家长能够主动与学校、教师配合，共同促进学生的成长。

引言

为深入贯彻落实《中共中央国务院关于进一步加强和改进未成年人思想道德建设的若干意见》，牢固把握德育在素质教育中的"灵魂"地位，围绕学校"力行教育"办学理念，南关小学进行"力行"评语改革，促使学生形成勤奋、自主、知行合一的文化特质，促进人人拥有落实力行理念的自觉行动，推动学校可持续发展。

一、前期调研　掌握数据

随着新课程改革的不断深入，传统评语的方法逐渐显露出诸多弊端，其有效性也受到了教育界众多有识之士的质疑。学生需要什么样的评语？怎样的评语才能让家长满意，帮助孩子们正确认识自我，找准进步的方向？为此我们做了前期调研，调研群体包括家长、班主任、学生。

调查主体	调查份数	建 议		百分比
班主任	16 份	多角度、全方位，鼓励为主		90%
		评价语言真诚，触动孩子		80%
		评语要关注孩子的心理、性格		80%
		评语要让学生正视现实		100%
学生	720 份	看到真实的评价		100%
		希望看到教师的鼓励性语言		100%
		希望教师看到自己的特长或者专长		30%
		评语中能指出存在的问题和希望		80%
家长	720 份	希望看到学生和同学相处的评价		95%
		教师给家长的建议	希望看到孩子参加体育锻炼方面的评语	95%
			希望看到学生的学习习惯方面的评语	
		看到真实的评语		100%

通过调研我们发现：教师、学生、家长都需要看到一个真实的评语的建议比例达到 100%，希望看到教师提出建议的比例达到 95%。在关注学生的心理健康方面，我们的家长、教师也给出了 95% 和 80% 的建议比例，说明现在的学生

心理工作也是评价的重要方面。但是纵观我们的老师的许多评语，内容、形式千篇一律，失去了评语的导向性。作为班主任一定要注重发挥评语的激励作用。

二、多媒体评语　促学生成长

（一）评语及时　注重过程

力行评语改革，除了利用素质评价手册在期末撰写评语之外，学校还要求教师充分利用各种时机，有效整合各种资源，实施及时化教育评价，采用多样性的评价方法，如：作业批阅开展口头评语、网络评语、微信评语、CCtalk 网络课堂点评等形式和点赞、献花等方式，随时给予孩子肯定的评价，让评语有效发挥积极作用。

低年级学生上课时，对学生精彩的发言，老师及时送上一个翘起的拇指或者一句"OK""太棒了""真精彩"。对于有些高年级羞涩或不善于表达的学生，老师告诉他："老师知道你心里已经明白，但是嘴上说不出，我把你的意思转述出来，然后再请你说一遍。"课下对学生作业的态度、质量则给予激励性的书面评语，并通过奖小红花、星、旗等方式，让学生体验成功的乐趣。评价既有即时评语，也有延缓评语。如书信评语，教师们针对孩子们遇到的心理问题进行辅助分析和帮助引领，以文字书信或是音频评语的方式，贴近孩子的内心，让孩子们在温情中接受自己的不足，更加客观冷静地认识问题。

（二）适时表彰　注重激励

班级评语对学生的鼓励是适时的，学校进行"力行"评语改革以激励、奖励为主，目的在于激发学生向上奋进，增强荣誉感。如：2017 年春季开学以来，南关小学的少先队员和家长朋友们积极参加通州区创城办开展的"小手拉大手，文明过马路"为主题的志愿家庭服务活动。通过学校报名，目前已经有七个家庭参加了中仓办事处白将军社区的志愿执勤服务，队员们和家长一道，按时上岗，表现出色，用实际行动践行文明创城。还有更多的家庭通过自住地社区报名，志愿参加了活动，学校连续两周收到了来自其他社区的表扬信。表扬信肯定了队员们的志愿精神和认真坚持的态度，真诚地委托学校一定要大力表彰。表扬信由校长在全校大会上宣读，学校利用升旗仪式表扬了这些学生，大队辅导员老师针对每个孩子都送出了奖励的肯定的评语，并希望有更多的队员参与到志愿活动中来，师生共同努力，用实际行动加入创建文明城区、建设首都副中心的队伍。

三、评语变革　初见成效

（一）通过不断实践，我们发现了"力行"评语改革呈现的特点是"三个特性""两个原则""一个目标"

1. 三个特性

（1）全面性。不但要评价学生德、智、体、美等方面的发展状况，而且更要注重评价学生非智力因素的动态变化。

（2）针对性。针对每个学生的不同情况，运用他们易理解、乐接受的语言，力求准确地写出恰如其分的评语。

（3）激励性。坚持以鼓励为主，坚持以发展的眼光看待学生，正确指明努力方向。

2. 两个原则

（1）期盼性原则。老师用饱蘸爱意的笔触以第二人称"你"去撰写评语，拉近师生间的距离，使学生感到犹如师生促膝谈心，亲切实在。

（2）真切性原则。老师真实、细致地观察与了解，客观公正、褒贬得当地评价每一个学生，而不是写一些放在任何人身上都过得去的泛泛之谈。

3. 一个目标

评语撰写目标为"引导（激励）学生进步，促进学生身心均衡发展，早日成才（全面而有个性地发展）"。

（二）家长的认可

我们的班主任评语评价方式得到了家长的认可，正如一位家长在问卷调查中写道的："感谢老师的耐心教育，对孩子适当鼓励，也能及时反映孩子的不足，启发孩子的潜力和奋斗精神。"

（三）走向社会

在北京市学习科学学会主办的会员单位文化艺术节上，南关小学选派的七名同学，从学校"梨花诗书赛诗会"走出，走进大观园，朗诵了《红楼梦》诗词。他们精彩的朗诵场面如同一幅生动的时光穿梭画卷，引得游人驻足观看。

展示中，同学们博得阵阵掌声和喝彩声。展示后，一位北京电视台的记者采访同学们，刘翰泽同学作为代表讲述了自己准备的过程与收获，博得记者伸大拇指点赞！

结语

围绕学校的"力行"教育理念体系，构建励行的管理机制，发挥"力行评语"的价值导向、秩序重建、行为规约、促进发展功能，突显学校的"力行管理"特色，进一步提升学校的办学品质和社会影响力。

"抗击疫情，宅家我行"特色争章

叶春红、马妽

【内容摘要】我校倡导全体少先队员在居家防疫期间积极开展"抗击疫情，宅家我行"特色争章实践活动。通过丰富的特色争章实践活动，激发队员的争章参与兴趣，充分发挥其争章的主动性、积极性、创新性。

为有效引导全校少先队员学习新冠肺炎疫情防控知识，合理安排居家学习生活，向奋战在疫情防控一线的先锋们学习、致敬，进一步发挥少先队组织教育、自主教育、实践教育的作用，我校倡导全体少先队员在居家防疫期间积极开展"抗击疫情，宅家我行"特色争章实践活动。

一、争章目标

防疫期间，积极组织少先队员开展"抗击疫情，宅家我行"争章活动，提升队员的防疫自护自理能力，增加队员的社会责任感，提高队员的使命感，促进少先队员德、智、体、美、劳五育全面发展。通过丰富的特色争章实践活动，激发队员的争章参与兴趣，充分发挥其争章的主动性、积极性、创新性。

二、争章对象

南关小学全体少先队员（含一年级积极要求入队的学生）。

我校根据各年级学生的年龄特点，充分地挖掘和利用"互联网＋教育"平台，通过线上开展争章活动。

三、争章活动

（一）特殊时期的"防疫章"

1. 评选"防疫章"

为抗击疫情，这段时间少先队员们都"宅"在家里参与线上活动，进行自主锻炼。为了更好地发挥红领巾奖章的激励作用，帮助队员们坚持在家中开展好活动，让"宅"在家中的他们人人有向上的目标，天天有奋斗的力量，南关小学少先大队开展了学校少先队"云"争章活动，号召少先队员们自主设计具有学校、少先队特色，具有特殊时期意义的"防疫章"。

队员们积极行动起来，短短几天，大队部就收到了作品 60 余幅。通过根据征集要求进行的第一轮筛选，有 18 幅作品和大家见面。队员们在欣赏后仔细斟

网络投票

酌，郑重地投下了自己的一票。经过投票评选出来的设计图作为大队"防疫章"的重要参考。

师生共同选出的"防疫章"

2. 学校制定了"防疫章"获章标准

（1）能做防疫宣传。了解新冠肺炎疫情的危害，采用录音、绘画、做明信片、编小报、器乐演奏、舞蹈等方式，配合居住社区或学校做好防疫宣传。

（2）能居家巧锻炼。选择或设计一两项居家锻炼的运动，每天健身一小时左右，提高自身免疫力。

（3）能讲榜样故事。通过网络、电视新闻等渠道，了解抗击疫情的先锋人物或一线医护人员的感人事迹，学习其不畏艰难、勇于奋斗的"抗疫先锋"精神。

（4）能手拉手交友。参加中队中"云小队"的活动，线上交流，结交一个手拉手好朋友，共同开展防疫自护线上互动活动。

3. 获奖学生线上表彰

（二）热爱劳动的"劳动章"

《教育部2019年工作要点》中，已经明确要对中小学生加强劳动教育，并将"劳"纳入教育方针，重提"德智体美劳"。因此，学校因地制宜组织开展家务劳动、校园劳动、校外劳动、志愿者服务等形式多样的劳动实践活动。其实队员们参与家务劳动，除了养成必要的生活技能与良好习惯，也能"孝亲敬老"的优秀品质。因此，少先大队号召队员们对"红领巾特色章"中的"劳动章"进行了设计，并收到了很多有创意的稿件。

大队部发出劳动章的征集令为：希望队员们继续为自己设计一枚新的红领

巾奖章"劳动章"。

1. 设计要求

有学校少先队特色标识。（必须包括文字——通州区南关小学少先大队、红领巾奖章、劳动章；图形——运河、校徽、梨花、劳动等要素）

颜色鲜艳，内容清晰，突出主题。"红领巾奖章——劳动章"这几个字都要体现。

电子图和手绘都可以。

2. 学生设计出来作品在网络上进行投票

通过第一轮筛选，有 22 幅作品和大家见面。队员们在欣赏后仔细斟酌，郑重地投下了自己的一票。经过投票评选出来的设计图作为大队红领巾奖章特色章"劳动章"的重要参考。

3. "劳动章"获章标准

（1）在家中能够独立完成劳动任务，并能坚持负责，劳动表现得到家长的认可。

（2）在队劳动技能展示活动中有突出表现，得到队员伙伴们、家长和老师的认可。

（3）在中队集体中参与值日劳动、集体实践活动，表现得到队员伙伴、老师的肯定。

（三）居家学习的"自主学习章"

今年的新冠肺炎疫情让我们遇到了前所未有的困难，我们给学生制定了居家学习的目标，并且根据目标制定了学习章的评价标准。

1. 制定学习目标

（1）充分利用网上已有的电子资料，扫清课文障碍。预习时，孩子们可以结合网上推送的电子课本或音频，再借助字典、词语手册等阅读辅助工具弄懂课文生字新词，疏通语句。

（2）多听多模仿线上语音朗诵资源，读通读顺课文。大家利用线上的电子音频、课文朗读或视频范读等资料，模仿朗读，读通读顺课文，做到正确、流利、有感情地读课文。

（3）利用好线上古诗文、小古文、听书等阅读软件，积累素材。微信等网络平台上有许多古诗文赏析和名著评说讲述的内容，每天合理安排时间定时听读、背诵，也是积累素材的好方法。

（4）家校合作，密切沟通，充分鼓励孩子之间的线上互动。居家线上学习时，同学之间可以加入小打卡或微信群，进行同学间的互相交流监督，共同学习。

2. "自主学习章"获章标准

（1）能够按时参加网络学习。

（2）积极参加少先队组织的自主学习实践活动并得到伙伴、老师、家长的认可。

（3）能够为自己制订合适的学习计划并实施。

（4）能找到自己的兴趣爱好并有创意地展示自己的学习实践成果，表现得到伙伴、老师的认可。

（如参加《红领巾好声音》活动并播出的孩子可以得到一枚"自主学习章"）

（四）"志愿者章"获章标准

1.通过参与志愿活动，展现自己的奉献精神和实践能力。

2.能够在志愿实践活动中不怕苦累、愿意帮助别人。

3.真诚地对待他人，把乐观开朗的一面展现出来，有正能量、榜样的作用。

4.活动结束后能从中收获奉献的快乐和光荣感。

（五）居家也争"运动章"

我们在积极组织开展疫情防控工作的同时也十分关注学生的身心健康发展，"因地制宜地为学生设计居家运动方案，倡议学生参加'宅家亲子练，强身抗疫情'活动，组织学生主动参与居家体育锻炼，体验锻炼的乐趣，同时增加亲子间的感情。通过'体锻点赞卡''锻炼小日记''身体素质记录表'等针对不同水平学生而采用的不同评价方式，对学生进行参与体育锻炼的评价，从而让学生感受到运动的快乐，树立主动锻炼、终生锻炼的意识"。

学生会与家长共同制作创意"体锻点赞卡"。学生参加体育锻炼后，若锻炼情况达到或超出自己的预期目标，即可在"体锻点赞卡"上进行点赞。如果当天进行了亲子锻炼，家长也可以根据锻炼情况进行点赞。

学生制作"锻炼小

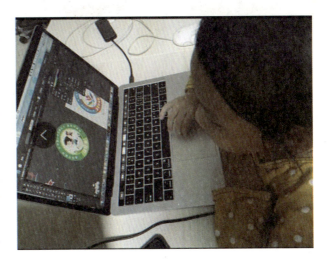

日记"记录本。参加体育锻炼后，学生根据锻炼情况在记录本上记录自己的锻炼体验，比如记录体育练习次数的增加、规定时间内完成练习次数的突破或亲子练习过程中出现的趣事、难忘的经历等。如果当天进行了亲子锻炼，家长也可以根据锻炼情况一同参与记录。

学生制定"身体素质记录表"，记录表形式不限（可以是表格、图表或折线图等等）。以仰卧起坐为例，记录完成一组练习的次数。经过一段时间后，将记录的数据进行对比，看看是否取得进步，是否能更好地完成练习，身体方面出现了什么变化。如果当天进行了亲子锻炼，也可以将家长的锻炼情况一同记录并作对比。

在此基础上，南关小学队员和预备队员们继续设计了"运动章""自主学习章""志愿者章"，很多有创意的作品涌现出来。

经学校少工委、少先队员代表和家委会成员评选、商讨，确定以下作品为优秀设计：

设计者：一年级（2）班雷诗媛及家长

"一带一路"荣耀行

马屾

一、活动背景

南关小学少先大队队长课堂是培养少先队骨干的阵地，通过每周的会议和学习，每月的自主评价，学期中活动的自主准备、开展、总结，以及手拉手活动，等等，锻炼少先队骨干们的服务意识、工作能力，用先锋带领先锋，让自主、民主的氛围成为我校少先队工作的主旋律。

队长课堂中有一些活动是单独开展的，目的是让队干部们率先掌握最新的动向与风尚，以最新、最正的能量引领广大队员们知党爱党。2013年9月和10月，中国国家主席习近平分别提出建设"新丝绸之路经济带"和"21世纪海上丝绸之路"的合作倡议。这是一个新的国家级合作倡议，是作为新时代的接班人应该初步了解的政治知识。

二、活动目的

（一）通过活动让队员们了解"丝绸之路"对全球发展在历史上经济上的重要作用，并知晓祖国曾经在"丝绸之路"上的重要地位，以及现在"一带一路"建设倡议的重要性。

（二）在少先队活动课中将各学科统领整合，让孩子以不同的视角了解、展示"丝绸之路"给祖国带来的光辉历史以及"一带一路"倡议的荣耀前景。

三、活动准备

（一）将队干部分为三个小队，分别着重两条线路，第一小队"驼铃队"负责搜集并介绍"新丝绸之路经济带"的路径与主要经过国家的资料；第二小队"海航队"负责搜集"21世纪海上丝绸之路"的路线与主要经过国家的资料；第三队"火炬队"由大队委与大队长组成，负责搜集整理相关的历史背景和当今各国的关系与发展的资料。

（二）搜集资料，并向相关学科老师寻求帮助，主要调查包括各个主要国家的风土人情、人文景观、重要特色物产、与中国古代与现代的关系以及"丝绸之路"给沿线国家带来的文化、生活乃至历史上的影响等。（队员、辅导员、其他学科老师）

（三）iPad、PPT、实物演示。（队员、辅导员）

四、活动过程

此次活动课是一次交流分享活动，前期队员们在老师的帮助下已经收集了很多的资料，这节课主要进行交流汇报。

（一）历史上的"丝绸之路"

"火炬队"介绍关于"丝绸之路"的历史背景以及中国在"丝绸之路"上的重要地位。（出示实物：丝绸、茶叶、瓷器）

回顾历史，2000多年前，各国人民就通过海陆两条"丝绸之路"开展商贸往来。从2100多年前张骞出使西域到600多年前郑和下西洋，海陆两条"丝绸之路"把中国的丝绸、茶叶、瓷器等输往沿途各国，带去了文明和友好，赢得了各国人民的赞誉和喜爱。

由"火炬队"的队员们向大家展示部分丝绸、茶叶等实物，让大家亲身感受这些产物的精美与醇香。再通过PPT展示，展示出陆上"丝绸之路"的地图。陆上"丝绸之路"始于中国长安（今西安），通向罗马，是传播文化、宗教、经济、技术的道路，它像一条绚丽又坚韧的纽带，把人类古老文明联结起来，沟通了古代东西方的经济与文化、技术的交流，加强了各国人民之间友谊的往来。队员们还播放了电视剧《西游记》最后一集的片段。影片用蒙太奇的手段精简回顾了玄奘整个"取经"的过程。玄奘从长安出发，经兰州，历经艰险到了今新疆哈密，在高昌王的资助下，通过"丝绸之路"到访了印度，是"丝绸之路"上著名的践行者和文化的传播者，他写的《大唐西域记》也生动地记录了当时陆上"丝绸之路"上的情况。

最后，队员们又以 PPT 为媒介，介绍了陆上"丝绸之路"主要的地形路况。以戈壁和沙漠为主的道路，那里自然环境与天气都很恶劣。通过这些内容启发大家思考陆上"丝绸之路"上，最常用的交通工具是什么以及为什么用这样的交通工具。通过观察地形和环境，队员们得出结论:骆驼和马是主要的交通工具。并感叹：难以想象人们在路上带着重要的物资，用这样的交通工具，是怎样行走的。但就是在这样的条件下，"丝绸之路"依然是沿线各个国家的友谊纽带，并兴盛于几个朝代。

少先队骨干们通过汇报、交流、现场互动，了解到，中国是"丝绸之路"上最重要的国家，当时我国是丝绸大国，丝绸是古代政府主要的出口物资，通过这条道路，古代的政府将丝绸源源不断地输送到西方，不仅带来了巨大的经济效益，更加快了周边国家的共同繁荣。

（二）"丝绸之路"上的风土人情

由"驼铃队"向大家介绍"丝绸之路"上各个国家的风土人情。

"驼铃队"的队员们首先向全体队员分发了实物——葡萄干、杏干、咖喱角等食物，并让大家品尝，猜一猜它们的原产国分别是哪里。这样做的目的是在汇报过程中体现互动性，增加趣味，实现共同参与，而不仅仅是被动接受。同时队员们为大家朗诵了诗《送元二使安西》与《凉州词》。随着诗歌穿越时空的隧道，队员们仿佛回到了玉门关外的大漠之中。接下来通过读语文课文《丝绸之路》片段，体会"浩浩荡荡"与"崇山峻岭"这两个词，队员们邀请其他小队成员自由说一说自己"想象中驼队的样子和路上的风景"。

接下来队员们通过一些国家的介绍，近距离地将镜头对准"丝绸之路"的繁荣景象。

如伊朗、土耳其。这些国家是"丝绸之路"主要途经的国家，这是他们现在的名字，队员们接着介绍各国历史上的名字和主要风土人情。（同时将准备好的图片发送到其他组主要成员的 iPad 上）

少先队骨干以伊朗、土耳其为例，介绍伊朗东部的塞姆南（今里海南）附近的一棵巨大桑树，它的种子来自中国。中亚各国和波斯人从中国引进了种桑养蚕技术，织出了精美的波斯地毯，它作为在"丝绸之路"上交流的重要商品之一，至今被世界人民喜爱。同时，队员们呈现生姜、辣椒、花椒、肉桂、豆蔻、丁香等作料实物，让其他队员们闻一闻，摸一摸，说一说它们的学名，猜对了的就赠送小礼品，激发队干部们主动学习、积极参与的意识。

具体做法是：

首先由少先队骨干们对于蚕丝进行解说：这些桑树的种子都是由中国得来的，那么为什么在这些国家没有出现像中国那么精美、轻薄的丝绸呢？由于需求量大，后来的中亚各国和波斯人也从中国引进了种桑养蚕技术。不过由于水土性质变化，波斯人养的桑蚕吐出的丝比较硬，无法织出像中国织出的一样轻薄优质的丝绸，所以只好用来织波斯地毯。当然，精美的波斯地毯也很快得到罗马人的喜爱，成为在丝绸之路上交流的重要商品之一。

其次，做游戏——香料猜猜猜：在"丝绸之路"上的商品，除了丝绸，还有东方的香料，西方和中亚、中东的游牧民族主要是食肉民族，对香料有十分迫切的需求，请你猜猜看，哪些是"丝绸之路"上紧俏的香料产品呢？

队员们准备了生姜、辣椒、花椒、肉桂、豆蔻、丁香等，让其他小队成员闻一闻、摸一摸。（正确答案是：生姜、肉桂、豆蔻、丁香）

最后介绍横亘于欧亚之间的土耳其。它是古代中国"丝绸之路"的必经之地，也是世界上唯一同时拥有西方和东方文化、种族、历史的一个神秘国度，从遥远的东方运来的丝绸和茶叶抵达这里后进入皇宫和集市。在中国汉语和土耳其语中，"茶"的发音非常相似。

队员们得出结论：无论是经由陆上还是海上，"丝绸之路"产生的影响持续至今。

（三）21世纪"海上丝绸之路"

"海航队"向大家汇报"21世纪海上丝绸之路"的概况。

少先队骨干们首先介绍了海上丝绸之路的由来并向队员们的 iPad 上发送共享学习资料。

资料如下：

> "海上丝绸之路"，是指古代中国与世界其他地区进行经济文化交流交往的海上通道，最早开辟于秦汉时期。从广州、泉州、杭州、扬州等沿海城市出发，抵达南洋和阿拉伯海，甚至远达非洲东海岸。（斯里兰卡，旧称锡兰，是个热带岛国，位于印度洋海上，中国古代曾经称其为狮子国。斯里兰卡的经济以农业为主，最重要的出口产品是锡兰红茶。该国亦为世界四大产茶国之一。）希腊的历史可一直上溯到古希腊文明，而其通常被视为西方文明的摇篮。希腊统治者为了满足自己的奢侈生活，更是需要东方出产的各种物品，如中国的丝绸、印度的香料等。

（四）中国"一带一路"倡议

由"火炬队"向大家介绍当今各个国家对中国"一带一路"倡议的期待。此环节，邀请全体队员们思考并讨论，锻炼了队员们语言交流的能力。

讨论主题：通过刚才两个队的介绍，大家对"丝绸之路"有了大致的了解，那么为什么中国要倡议共建"丝绸之路"经济带呢？队员们根据自己的搜索交流道："丝绸之路"在古代是东西方进行经济、文化、科技交流的重要的一条路、一座桥。现在总体看来，中亚各国均认为本国处于古"丝绸之路"的沿线上，不仅强调古"丝绸之路"为本国带来了繁荣和稳定，而且期待复兴这条古代贸易路线。其中哈萨克斯坦的领导人就曾经在 1997 年和 2005 年两次提出："在世界共同体的帮助下，我们开始致力于通过与本地区的其他国家合作以恢复丝绸之路。"

最后，"火炬队"借助 PPT 介绍道：进入新世纪，中国在全球经济中的作用开始凸显，政治地位也明显提升，是下一个超级大国。如今，随着中国经济的崛起和腾飞，中国在更多方面有能力帮助别国，同时更能强大自己。

之后由少先队骨干接力手绘"一带一路"的路线图，用有创意的方式对各个国家进行标注，再次加深少先队骨干们对此的认识，体现少先队活动课的实践性。

活动最后，辅导员进行了总结：

队员们，中国正在不断地发展中，但是我们的发展状态总体呈现东快西慢、海强陆弱格局。"一带一路"将把中国的发展变成一只有双翼的大鸟，会东西联络各国。现在的上海自贸区、高铁政策都是基于这个理念而

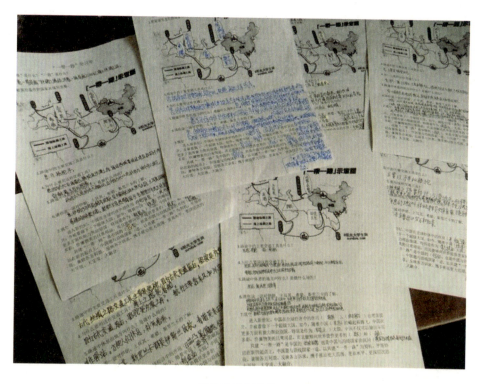

队干部的任务单

发展的，相信有你们参加建设祖国的未来，这个合作倡议就会如火如荼地建设发展，那时，我希望你们是一只只带着和平共建种子的小鸽子，沿着"丝绸之路"，飞向全世界。

五、活动拓展与延伸

活动后，孩子们对"丝绸之路"非常感兴趣，随着课程的开展，感受到了盛世之中的中国，感受到了祖国文化的伟大。孩子们从很多国家的风俗习惯、人文艺术中找到了中国文化的影子。于是我们计划从艺术、建筑和人文角度，将重新走"丝绸之路"和"一带一路"课程开展下去，增加孩子们的民族自豪感和祖国建设责任感。

六、总结和反思

此次呈现的课程并不是初始课程也不会是结束课程，确切地说是第一阶段的总结课。现在，"一带一路"战略思路，为教育提供了大开放、大交流、大融合的契机。虽然目前适合小学生学习的课程并不多，但因为他们确实是整个未来巨大愿景中的实施者，所以此课程的设置就是希望孩子们的心从小就能和祖国的脉搏一起跳动。随着国家"一带一路"合作倡议的清晰和实施，我们计划开展更多的相关课程，以综合实践活动和调研合作活动为载体，结合更多的新媒体资源或实物展馆等社会资源，走出去，开发更多的少先队综合实践课程。

梨花簇簇开　朵朵向阳来

——打造少先队品牌活动　促学校文化建设

马屾

【内容摘要】少先队的根本目标是活动育人，少先队活动是学校德育工作的重要组成部分，少先队文化特色品牌是少先队组织在社会舞台上占领教育活动制高点的重要标志，是少先队组织在实践中形成的，具有一定社会影响力，有利于促进少年儿童健康成长、全面发展。新时代发展需要少先队发挥工作特点，寻找少先队品牌活动教育切入点，针对队员实际需要开展教育实践活动，充分发挥少先队组织得天独厚的教育优势和取之不尽的文化资源，提炼、展示自己特有的文化特色品牌，用品牌促活动，以优化品牌教育活动为立足点，使队员主动参与教育活动的过程，让队员在积极的情感体验中明礼，导行，并享受到成长的快乐，以提高品牌活动的有效性。

一个城市有城市文化和品牌，一个行业有行业文化和品牌。品牌代表了浓缩的文化，文化供养着品牌的发展。在迅速发展的新时代，"品牌"作为其"文化"的代言人，已经深入人心。如何创建品牌以及追求品牌已成为现代人在社会经济及家庭生活中的目标。那么学校少先队组织可不可以创建文化特色品牌，以此加强少先队组织建设，扩大少先队在德育教育过程中的知名度和影响力呢？笔者作为大队辅导员近年来进行了如下的思考与实践。

一、少先队活动品牌创建的意义

所谓品牌，在法律意义上说是一种商标，在经济或市场意义上说是一面旗帜。从文化或心理意义上说，品牌是一种口碑，一种品位，一种格调，它有着顺应社会先进文化的前进方向、社会高度认知、能不断创新的特点。企业通过创建品牌，在市场竞争中获得生存发展的空间，学校少先队组织要提高自身的地位，扩大社会影响力，实现可持续发展战略，也需要创建品牌活动。

有着百年历史的南关小学校园中有一棵传奇的梨树，它是一个美丽的偶然。偶然的种子，偶然的发芽，偶然被发现……顽强的生命力不断勃发出惊喜，引来了老师和队员们的精心呵护，到现在已经长了快三十个年头了。每年它都会开出满树的梨花，有质朴而单纯的美。多像孩子们纯洁的童年时光！2013 年的春天，少先大队在梨花树下召开首届梨花诗歌节。以梨花命名，就是为了让同学们通过这怒放的梨花，感受它的高洁与雅致、宁静与顽强，体会到有韧性的中华民族魂。自此，少先大队的活动都以"梨花"命名，活动越来越多，越来越精彩，越来越有知名度。2015 年，学校又在笃志园前的甬路两侧种上了不同品种的梨树，春风中，队员们的脸颊上下起了"梨花雨"；2017 年学校打造崭新的教学楼外墙与门厅，设计主题元素也是梨花！梨花，就这样从少先队开满了校园的各个角落。

二、少先队活动品牌的塑造

（一）在主题中求特色，创品牌

通过开展系列主题教育活动，如爱国、安全、文明礼仪等，让队员身临其境地体验活动的意义。如，我校少先队每月都会开展少先队特色的表彰评比工作，评选"梨花争章好少年"，结合校训，每月一个主题，包括笃志、乐群、博学、守信。通过同伴互评、自我评价、师生评价、家长评价等形式总结自己一个学月以来的表现。每个学期还会根据一些品牌活动评选相应的"梨花美德少年"，如根据"梨花诗书·诚信书架"活动评选出"梨花诚信少年"，根据"一队一品一习惯"评选出"梨花文明少年"，等等。

在每年开学季的少先队一年级队前教育活动中，老队员和准新队员结成手拉手班级，并为每位一年级准队员胸前贴上"梨花宝贝"勋章，传递少先队的"梨花文化"。

（二）在设计中塑品牌

活动是少先队组织的生命，少先队教育的主要途径是针对实际开展教育实践活动，而基于品牌创建的长期性和完美性特点，少先队活动品牌的建设是一个长期而且复杂的工程，我们必须在活动中适应他们的成长需求和愿望。少先队工作者应把少先队特有的活动规律，与品牌形成规律结合起来，准确定位，切实设计出可行、长期、稳定的活动规划。如，我校少先队的红领巾广播、诚信书架、少先队校报都冠有"梨花"品牌标志。为了让"梨花"香气传递到家长那端，就连家委会少先队论坛都命名为"小梨花家长课堂"，加深了家长们对学校文化、对少先队品牌的印象。

（三）在实践中展现品牌特色

首先在传统活动中亮特色，抓住传统节日、纪念日、国家大事等有利时机，在佳节中创造性地规划少先队教育活动内容，利用生动活泼的形式，引导队员参与实践。如每年清明节的"梨花诗书赛诗会"、元旦的"梨花诗词歌赋节"。其次，在品牌活动中展特色，根据队员好奇、好动、好胜特点，辅导员把队员带到大自然，带到广阔社会中去，让队员在实践中动手动脑，自己观察自己，调查、搜集资料，培养问题分析能力和解决能力，培养队员自己的活动创新能力，自己的事情自己完成，自己的队伍自己管理，自己的伙伴自己互帮，让队员的创造才能得到展示，促进队员健康心理成长，培养健康人格。

三、打造少先队活动品牌，全面培养队员核心素养

致力打造少先队文化特色品牌，并以品牌建设为活动载体，全面培养少先队员核心素养。

（一）少先队品牌活动一："梨花诗书"——诗书诵读与传统文化教育

"梨花诗书"是南关小学少先大队 2013 年创立的少先队品牌活动，因梨花象征着高洁、典雅，就像读书人的品格一样，故命名为"梨花诗书"。"梨花诗书"活动主要分为三大部分。

第一大部分是常规活动：诚信书架。意在以开放式书架借阅为依托培养孩子们的诚信意识。我们教育孩子们："书是有价值的，但是诚信和信誉却是无价的！"我们通过不断摸索教育经验，不断调整活动策略，不仅使孩子们的阅读量有了大幅的提高，丢书的现象也越来越少，有的班级还出现多书的现象，那是有孩子们自愿将自己的书放入了书架中供大家借阅，形成了我们期待中的"诚信氛围"。孩子们还自己设计了借书卡，从"别人记录我的诚信"转变到了"自己记录自己"，更加提纯诚信意识的自我实现与自我教育。还有部分同学因为借阅次数多，信誉良好，获得了诚信借书证，可以把书拿回家读。学校还把诚信小标兵带到书店、书城去，任他们挑书，作为鼓励！

诚信书架的管理也完全是队员、少先队骨干自主完成，有书架管理员负责整理、登记、统计图书，还有图书管理员负责维护图书和见证同学的借阅过程。

第二大部分活动是每年 4 月份和清明节整合的赛诗活动。清明节期间，正是春暖花开的时节，除了祭祀先祖，古人也有赛诗的习俗。我们根据这一传统文化的特点，和语文学科结合，利用我校的校本课程"经典古诗词赏析"开展了"梨花诗书赛诗会"活动。活动又细分为"古诗达人赛"和"原创诗歌赛"。"古诗达人赛"展现了队员们背诵古诗的广度，每年的小达人几乎熟知全册的古诗，即小学到高中课本中所有出现过的诗，并能随提随背，对答如流。"原创诗歌赛"则展现了队员们的诗意沉淀和创作能力。有爱国诗、缅怀先烈的诗歌，爱妈妈、爱校园的诗歌也是孩子们最喜爱创作的内容。再以硬笔书法或是诗配

画的形式展览出来，是春天校园中最亮丽的一道风景线。

第三大部分活动是每年 12 月的读书月活动。这是为了培养学生爱读书的好习惯，丰富学生的课余生活，净化学生的精神世界，努力营造良好的读书氛围的活动，更是爱读书孩子们的节日。我们每年给孩子们一个切入点，如 2014 年 12 月第二届读书月中，我们推荐孩子们朗诵"诚信"内容的美文，队员们准备得非常认真，声情并茂，惟妙惟肖地讲着一个又一个的诚信小故事:《曾子杀猪》《金银斧头》《诚实的华盛顿》等，每个小故事都告诉大家诚实这种品德的宝贵。2015 年第三届读书月活动中，我们推荐孩子们阅读中国古典文学，并用课本剧的方式演出其中一个小片段。孩子们大量查阅资料，做了充分的准备，字正腔圆地朗诵了《木兰辞》《完璧归赵》等经典文章，生动地表演了《三气周瑜》《三打白骨精》等文学名著中的精彩片段。通过活动，孩子们走进了中国文学的经典宝库，见识到了古典文学的魅力。

队员们在"梨花诗书"活动中受了美德教育的浸润，学习到了更多的传统文化，获奖的小选手们还通过金火炬广播展示了自己，诗意通州，诗意童年，愿读诗、读书的好习惯像校园里那棵梨树一样在孩子们的生命中生根发芽……近年来，队员们带着"梨花诗书"气质走进大观园红楼颂诗游园会，走进国务院参事室主办的颂诗舞台。

（二）少先队品牌活动二:"梨花心蕊"——心理健康教育活动

每年 10 月 13 日建队日，是一年一度的心理健康大型拓展项目举办的时候，从 2011 年至今已经七届。2016 年，为了纪念第一个六年圆满轮回完成，我们将活动赋予了新名字"梨花心蕊"，使她成了"梨花"家族的又一员。少先大队将此次活动的主题定为"扬长征精神，做乐群少年"，目的是让队员们了解红军长征这部英雄史诗，了解那段信念不朽、传播理想、争取胜利的远征，弘扬红军战士团结合作、不惧艰险、勇往直前的精神。这些精神与南关小学笃志、乐群的校训要求相一致。活动邀请到了通州区研修中心德育部高伯武主任和通州区教委小教科韩晓峰老师。队员们在集体活动中收获了成长，懂得了担当，更留下了美好的团队回忆……少先队员们在队旗下宣誓:以实际行动践行长征精神。

（三）少先队活动品牌三："梨花智蕊"——科技教育活动

2016 年深秋，南关小学少先队首届"梨花智蕊"杯科技节在首都博物馆拉开了序幕，这又是一个以"梨花"冠名的项目。队员们带着不同的任务进行了深入的学习探究。通过社会实践，学生学到了很多在课本上学不到的科学知识，知道了万物有源，进化有规律，特别是还有很多科学的谜题没有打开，等待着人们继续探究。此次实践活动，学生在科学探究的过程中，激发了对研究动植物的兴趣，提高了归纳、想象推理、分析、概括能力。学生在实践中体验、学习、收获、成长，身心在活动中得到了放松。孩子们认真学习，找到了老师布置的任务就马上记下来。没有老师的督查，也这么努力地学习，这就是兴趣的动力！

（四）少先队活动四："梨花微视"——少先队网络自主学习活动

创新少先队的工作内容和形式，引导少先队员走向生活实践，培养、发展队员的创造精神，一直是我校少先队工作的重要思想和举措。我经常告诉队员们说："我们的少先队就是梦想的领地，就是梦想的孵化器，创新要大胆，不要怕失败。即使不成功也是很好的经验累积，也是收获。"在互联网时代背景下，少先队的微信公众号、微博、微信群、QQ 群，逐渐"网聚"了越来越多的队员、家长，网上少先队蓬勃发展，队员们在这里展开智慧队建。

2016 年 12 月，少先队从上海未来教育创新年会上带回了一个新的平台——"沪江 CCtalk"网络授课平台。带着被新工具撩动的好奇心，我在现场就进行了录制尝试，并把链接发回到少先队微信群中。孩子们看到以后非常兴奋，他们的样子使我决定回到学校马上把它放到少先队"梦想孵化器"中，看看这只新奇的"蛋"在我们的孵化器中能不能破壳而出！回到学校的第一次队长会议上，我把 CCtalk 介绍给孩子们，我告诉他们学习可以是互动式的，就是把自己擅长的部分贡献出来，大家一起学习，结果就会是"1+1>2"！队长们马上行动了起来，根据各自的兴趣组织了五个项目团，起好了名字，定项目方向，预热工作做好，就预计下学期打造新的品牌活动了。队员们将项目起名为"梨花微视"，寓意微小中有视野，细微间有作为。"梨花微视"完成了第一季五集加一部元旦特辑的共计24个互助式学习视频的播出，"网红小老师"不断爆出，家长们都说孩子"录视频上了瘾""一天就直播时间记得最清楚"……孩子们以自主学习、互助学习的方式在平台上交流着。可以欣喜地看到，我们的孩子完全可以胜任新工具和学习方式，动手能力、行动能力，以及网络工具使用能力之强，是我们完全没有预想到的。

少先队因多样化的活动载体而丰富多彩，校园文化建设因少先队特色文化品牌而富有内涵，小学少先队品牌教育活动要增强实效性，是新时期的教育要求，也是对原主体的精神呼唤！以优化品牌教育活动为立足点，激起队员主动参与教育活动过程的兴趣，让队员在积极的情感体验中明礼、导行，并享受到成长的快乐，以提高少先队品牌活动的有效性。

"'软评价'促成长"，
浅谈少先队入队工作改革的几点尝试

马屾

戴上红领巾是小学阶段非常重要的成长里程碑，一直以来，一年级新生入队格外受学校、家长和新生的关注。于学校而言，这是开学后第一次盛大的、全校性的少先队活动，是规范少先队组织的管理、整顿队员的纪律、培养良好习惯的开端。于家庭而言，小学是孩子学习生涯的起点，是孩子成长的奠基时期。对父母来说，不论是思想意识启蒙教育还是能力习惯培养都格外重要。但，我们发现，如果只是在建队日搞一个全体入队的活动，会有一些弊端。全体学生一起戴红领巾，学生总觉得大家都会有，对红领巾的珍惜程度减弱了，对少先队员身份的认知度减弱了。面对这一现象，南关小学少先大队在通州区少工委的工作引领下，切实发挥少先队组织团结教育少年儿童的核心作用。在少先队入队工作方面，秉承发挥少先队组织先锋模范作用的原则，将思想品德建设作为首要任务，注重过程中的"软评价"，逐步教育引导少年儿童扣好"人生第一粒扣子"。自2014年开始，我校少先队逐步探索"分层发展，全童入队"的少先队入队工作举措。

一、梳理概念，清晰"什么是全童入队？"

《中国少年先锋队章程》（以下简称《队章》）规定："凡是6周岁到14周岁的少年儿童，愿意参加少先队，愿意遵守队章，向所在的学校少先队组织提出申请，经批准，就成为队员。"很多人认为这就是"全童入队"的意思。其实最初的核心理念是"把全体少年儿童组织起来",是在 1965 年 4 月共青团九届二中全会上提出的组织方针。1981 年 8 月共青团十届三中全会又进一步指出:"今后,少先队组织的发展工作,要在小学一年级新生中集中一段时间进行《队章》教育,在他们有了入队的要求,履行入队手续后,选择有教育意义的节日,集体宣誓入队,做到一年级即把全体适龄儿童组织起来。"后来,全国各级少先队逐渐演变成"全童入队"的说法。这里"全童入队"并不等同于"一起入队""同时入队"。如果用《队章》规定全童入队",而去否定"分批入队"这种说法,我认为是站不住脚的。"全童入队"和"一起入队""分批入队"完全是两个不同的概念,不能混为一谈,更不能作为否定彼此的依据。"全童入队"没有要求必须要"一起入队","分批入队"也符合"全童入队"的核心理念。2017 年少先队改革文件中继续强调要加强少先队基层组织建设,巩固中小学少先队组织基础;完善中小学少先队基本组织制度,规范基础队务,加强学校少先队标准化建设;坚持全童入队,规范队前教育和入队程序。

那么怎样才能让队前教育生动而有意义,让入队的过程更加入脑入心而又不伤害孩子的自尊心,正确激发他们的进取心呢?

首先,我认为"全员"与"分批"不是"硬指标",而是"软熏陶"。我们应对一年级新生在知晓少先队知识、激发入队动机、树立远大志向等方面进行少先队应知应会知识教育,使其受到熏陶感染,有感性的认识,才会有理性加入队组织的愿望。入队是心中的信仰,不是形式的盲从。其次,我认为"过程"胜于"结果","细节"决定"发展"。新生入学,对其学习、行为、生活习惯等方面,学校都要进行引导教育和培养。

因此本着体现"先锋"模范的作用,南关小学少先队大队逐步尝试以实践活动为载体,用"软评价"引领学生成长,分层申请,全童入队。

二、家校联手,沟通"为什么入队"

经过连续几年的探索,我们发现家长们关于"分批入队"这四个字还是非常敏感的。有人认为"分批入队"很不合理:一方面,对于刚刚步入一年级的孩子来说，一开始就分等级，会给那些没有入队的学生们造成心理落差，自尊心会受打击，会影响孩子心理健康，甚至影响以后的学习生活。另一方面，上学才一个月，学校是拿什么来划分出优秀学生的呢？这样是不是对后入队的学生不公呢？也有人认为，加入少先队对于新生来说是一件很光荣的事情，但是最近几年，由于家庭等原因，很多孩子对加入少先队、戴上红领巾显得很淡漠，不当成一回事。如果采用集体入队的方式，更会使孩子的内心萌生不劳而获的观念。通过分批入队可为孩子们树立一批榜样，也让孩子们看到自身的不足，激励他们去弥补不足之处，激发他们的荣誉感，只有这样加入少先队，孩子们才会倍感自豪和珍惜。其实，任何一个教育活动的目的都是让孩子有所收获，最重要的是用平常心对待每一件事情，给予孩子积极乐观、健康阳光、奋发向上的引导。注重家校架起连心桥，携手书写孩子更加美好的未来，才是最重要的。

（一）与家长沟通　统一教育理念

基于以上原因，我校少先大队在开展学生入队教育活动之前先分别用"家长调查问卷"和"致家长的一封信"的形式做好和家长的沟通。

通过沟通，家校就"入队的意义""入队的过程"和"入队的条件"达成了一致。我们拟定了明确的入队活动，分为"学习、学会、做到、养成"四个主题。学习，利用队会、晨会帮助学生了解队知识，了解优秀少先队员光荣事迹的故事，激发学生加入组织的愿望。学会：学会戴红领巾、唱队歌、敬队礼，学会写入队申请书；做到：自己的事自己做、为同伴做一件好事、为父母做一件家务；养成：将入队教育与习惯养成教育相结合。

为了让家长心中有教育计划，我们公布了整体教育过程：教育活动是为了一年级新生加入少先队做充分的铺垫工作，使每一位队员从知识上、思想上、行动上提早靠近少先队组织。我们为每一个孩子都准备了一个成长进步表，这里记录着他们方方面面的表现与进步。到六一儿童节前，我们发现了一部分优秀的，达到入队条件的孩子，推荐他们撰写入队申请书，并举行申请入队的仪式。没有被推荐申请的孩子将继续实践入队教育活动直至完成。来年10月13日少先队建队日前夕，少先大队会统一安排少先队员入队仪式，为全体孩子戴上鲜艳的红领巾。

（二）朋辈教育　少先队"闪讲团"讲队课

南关小学少先大队"闪讲团"是少先队骨干的一个志愿服务小组，他们利用碎片时间宣传少先队的事务和教育理念。比如法治知识宣讲、卫生安全知识的宣传等。队员们把宣讲内容变成精悍短小的一个个知识点，包括"队的历史""队的礼仪""入队知识十知道"三个板块，宣讲风格短平快。自从承接了为一年级同学上队课这个任务以来，队员们非常认真地制作PPT，准备宣讲内容稿件，和一年级班主任老师约时间，非常积极主动。大孩子讲、小孩子听，队员给队员上课，激发了低年级队员对少先队的向往，同时提升了高年级队员的荣誉感。

少先队"闪讲团"讲队课

三、《入队实践活动手册》导航"怎样入队"

（一）表格还是照片？点滴记录成长足迹

从 2014 年以来，大队部逐步探索入队活动的设立和评价标准。从最初的评价表格的记录到实践活动照片的上交再整理，烙下了探索的脚步。

1. 评价表格，清晰明了却没有个性体现

大队最开始设计了供给班主任老师使用的评价表格，上面罗列了入队活动要求的总目标和子目标，后面用空心小星星反映队员们的达标情况。通过使用，我们发现，这样的表格虽然非常适合老师使用，每个孩子在集体中的表现也清晰，但是缺乏个性化，和孩子们产生的心灵共鸣也非常少。这样的"硬评价"到使用的后期，老师们疲于画星星，孩子们却视而不见了。

一年级预备少先队员争先创优记录表　　　　　班级：　　　姓名：

总目标	子目标	2016 年 3 月	2016 年 4 月	2016 年 5 月
了解少先队：基本知识	"三会"：唱队歌，敬队礼，系红领巾（师评）	☆ ☆ ☆	☆ ☆ ☆	☆ ☆ ☆
	"三知道"：知道队名，知道宣誓词，知道呼号（师评）	☆ ☆ ☆	☆ ☆ ☆	☆ ☆ ☆
讲文明懂礼貌	同学之间有礼貌，会用礼貌用语（师评、讲文明 互评、自评）	☆ ☆ ☆	☆ ☆ ☆	☆ ☆ ☆
	尊重老师，尊重家长（师评、家长评、自评）	☆ ☆ ☆	☆ ☆ ☆	☆ ☆ ☆
学习争上游	上课认真听讲，积极回答问题（师评、互评、自评）	☆ ☆ ☆	☆ ☆ ☆	☆ ☆ ☆
	按时完成老师布置的任务（师评、互评、自评）	☆ ☆ ☆	☆ ☆ ☆	☆ ☆ ☆

总目标	子目标	2016 年 3 月	2016 年 4 月	2016 年 5 月
自主管理	排队快、静、齐，不在公共场所追、跑、大声喊叫（师评、互评、自评）	☆ ☆ ☆	☆ ☆ ☆	☆ ☆ ☆
	带好学习用具，爱护环境（师评、互评、自评）	☆ ☆ ☆	☆ ☆ ☆	☆ ☆ ☆
劳动最光荣	主动参加班内劳动（师评、互评、自评）	☆ ☆ ☆	☆ ☆ ☆	☆ ☆ ☆
	做老师的小助手（师评、互评、自评）	☆ ☆ ☆	☆ ☆ ☆	☆ ☆ ☆
友爱互帮互助	互相谦让，尊重他人的习惯（师评、互评、自评）	☆ ☆ ☆	☆ ☆ ☆	☆ ☆ ☆
	主动帮助同学做好事（师评、互评、自评）	☆ ☆ ☆	☆ ☆ ☆	☆ ☆ ☆
诚信	不说谎话，主动承认错误（师评、互评、自评）	☆ ☆ ☆	☆ ☆ ☆	☆ ☆ ☆
	主动归还诚信书架上的书或其他借的物品（师评、互评、自评）	☆ ☆ ☆	☆ ☆ ☆	☆ ☆ ☆
锻炼争达标	认真上操和体育课并达到体育锻炼的标准（师评、互评、自评）	☆ ☆ ☆	☆ ☆ ☆	☆ ☆ ☆

2. 活动照片，展现自我却缺乏仪式感

为了提升评价的个性化，引起孩子们参加队实践活动的心灵共鸣，大队部将评价表格改革为收集孩子们参加各种入队实践活动的照片。一时间照片像雪花般向大队部的邮箱飞来。校内校外做好事、爱学习、爱劳动、尊敬师长讲礼貌……孩子们似乎忙得不亦乐乎，展示照片也纷纷登上了少先队大队的微信公众平台。开展几期以后，我们发现孩子们的照片出现了摆拍的现象。通过思考和研讨，原来这是因为照片虽然展现了活动的影像，但是离入脑、入心还是差了一步。

具体要求：

1. 做好事的时间、地点、具体事件不限，可以是社区、公共场所、家庭等等。
2. 照片中体现孩子自主做好事的瞬间、动态。
3. 着装整齐，人像可识别。
4. 请家长启发孩子为什么要做好事，再等待孩子自己主动发现做好事的契机并加以实践。家长不要帮助孩子一起做，倡导独立完成，不可为了做好事而做，更不要为了做好事摆拍，这是有悖教育初衷的，希望家长能够理解并做到。
5. 照片照好后请发送到学校少先队家长邮箱：ngsxd2@126.com。我们将好人好事整理后发送到少先队公众号平台，作为入队准备的实践活动展示，请大家多多关注呀！

少先大队微信公众号入队教育实践活动
照片征集通知

自从第一期《我要入队啦！》一年级小同学"在入队前做一件好事"的教育专辑发出后，照片就像雪花般飞来啦！看着同学们认真的样子，好可爱呀！假以时日，你们戴上了鲜艳的红领巾，定会更加地出彩！老师看好你们哟！

少先大队微信公众号入队教育
实践活动照片

（二）入队手册 "软评价" 多维度展现孩子们的入队过程

自表格式评价和照片式展示改革以后，我们进一步细化评价的维度，加入了自评、家长评价、老师评价以及向榜样学习的环节；提出了"五会一知晓"，即"队礼我会敬""队歌我会唱""红领巾我会系""誓词我会说""呼号我会说"；创设了三个实践活动，即"养成一个好习惯""做一件好事""结交一个新朋友"。大队还将"致家长的一封信"也加入手册中统一设计，做成了专属南关小学孩子们的《入队实践活动手册》。

相比之前的"硬评价"，《入队实践活动手册》更加具体，有仪式感，有过程性的记录，不论是学生还是家长都更加地重视入队实践活动。而且，《手册》可展示，可珍藏，收到了非常好的引导、辅助总结的效果。

四、举办仪式，凸显"谁是先锋？"

为了让优秀的孩子首先凸显先锋榜样的力量，同时又让全体学生都能有源

通州区南关小学少先队《入队实践活动手册》

孩子们展示自己的《入队实践活动手册》

源不断的进取心，2017年起，南关小学少先大队尝试让已经在第一轮实践活动结束时各方面凸显出来的学生填写入队申请书以奖励他们，给予他们肯定，同时又激励其他未达标的学生。填写入队申请书的学生十分激动，在班级里继续发挥着自己的榜样作用，而没有被推荐提交申请的学生就更加努力了。他们吸取了第一轮活动中的不足，纷纷在第二轮入队实践活动中达到了活动标准。2018年年初，少先大队为了巩固这一实践活动成果，将入队申请仪式做得更加隆重、有意义。在先锋预备队员已经显现的良好时机下，大队在本辖区"党员教育活动基地"开展了"红色的召唤大手拉小手入队申请仪式"。仪式中，孩子们和党员老师一起参观了党史纪念馆，聆听了党员老师对他们的希望，满怀激动地将手中的《南关小学入队手册》交到党员老师的手中，同时拿到了自己的入队申请书。这个仪式非常鼓舞人心，让孩子们倍具荣誉感。

经过第二轮的入队活动实践，全体二年级学生已经达到入队教育要求，于六一儿童节当天一起戴上了鲜艳的红领巾。自此"分层发展，全童入队"的少先队入队教育活动圆满结束了。活动宗旨不再是只突出优秀、树立模范，而是要求全体达标，不落下任何一名同学。从目前现有的教育活动效果来看，教育实践活动得到了学校和家长的大力支持，辅助班主任老师发现了典型，树立了先锋，充分发挥了模范带头的作用。

为了更好地准备2019年的入队教育活动，大队部邀请参与过入队实践活动的家长完成了一份调查问卷。问卷显示，83.72%的家长认为"分批申请，全童入队"的入队流程能激发孩子向合格、优秀的少先队员迈进；85.27%的

2018年红色的召唤大手拉小手入队申请仪式

家长认为《入队手册》中提出的实践活动能促进学生身心成长。

　　2019 年，我们将入队实践活动调整为组织教育、自主教育和实践活动三大部分。变化尤其大的是为了更好地开展组织教育，我们成立了预备小队，让孩子们在小队中自主管理，自主发展。同时发现榜样，接受帮助。

　　未来，我们将设计更加多元化的队前教育活动，增加申请仪式的次数并将时间提前，预计在第一学期末开展第一次申请仪式活动，第二学期中旬开展第二次申请，六一儿童节开展入队活动。关注点放在已经申请孩子和未申请孩子之间的榜样引领教育。同时让孩子们通过各种方式了解少先队，产生加入少先队组织的愿望，将少先队的光辉形象根植于孩子们的心中，以期达到未来更加珍惜少先队员身份，更加爱护红领巾的教育目的。

搭建"织梦"平台 助雏鹰振翅高飞

——少先队大队队长课堂经验浅谈

马屾

少先队是学校工作中最活跃的组织,少先队骨干又是少先队组织的核心力量。实践证明,当今的少年儿童是非常愿意参加少先队活动的,这为我们辅导员积极投身少先队工作提供了强有力的动力。但是,少先队工作绝对不是辅导员一个人的事业,所谓孤掌难鸣,需要辅导员老师和骨干们一起共同思考,共同谋划,集思广益。小干部们也会在日积月累的各项锻炼中不知不觉地增长才干。当代教育,强调的是能力的培养,个人能力的概念被放在了重要地位。依据当前的社会形势,也不难看出个人能力的强弱对自身发展的影响。因此,加强小干部工作能力的培养,是少先队的需要,是时代的需要,更是未来社会的需要,对小干部们本身可以说是终身受益。我以为,要达到这样的教育目标,得在活动中放手使用小干部,让他们自我管理,自主发展,能起到事半功倍的效果,这有利于少先队骨干的培养。所以我们在 2009 年成立了"南关小学少先大队红领巾理事会",意在让队干部们自己解决自己的队事务,并从中学习。但一年以后,发现效果并不是很明显,依然存在着评选标准不明确,队长们没有工作的热情与信心,工作不得方法,工作定位总在"当官儿"和"服务"之间摇摆等问题……

此时,我看到了南方某区域小学关于成立队长学校的消息,心中立刻燃起了方向。让队长们有系统地进行学习,为他们指明方向,不就使培养更加有效率了吗?对,我们也搭建这样一个平台,让队长们成长起来!

2010 年少先队建队日之际,南关小学少先大队"红领巾理事会队长课堂"成立了。队长课堂的所有培训以 21 世纪发展目标对人才素质的基本要求为依据,以提高全体队员的全面素质为目标，采取"学科渗透法""榜样示范法""实践行动法""兴趣培养法""活动培训法""家长指导法""全员参与法"等手段，通过队知识学习、队组织建设、队活动指导等培训内容，全面提高少先队骨干综合素质。培训内容包括少先队基础知识（如队史、队章、队集体建设等）、队干部的品格和修养（岗位和责任、队长与队员、队长与辅导员等）、少先队工作原理与方法（队长职责、工作原则、工作方法）、少先队工作技能技巧（一般电脑文案操作、网络阵地的维护、队的仪式、队活动组织与策划）等不同的专题。通过由浅入深的培训，不但让队员了解少先队知识，掌握少先队工作方法和技能，同时也增强了自身的责任感和主人翁的意识。

又因为队长们分属不同的年龄阶段，我们又采取"分级培训"的方法，细化每一次、每一级的培训内容与实操要求，这种分层、分类的培训方法，使培训更贴近不同需求，具有更强的实效性和针对性。把"时刻准备着"的精神贯穿到少先队工作的每一个层次，每一个环节之中。

在课堂中学习成长的，主要是大队长、大队委和中队长及部分中队委，他们都是各中队选拔出来的，非常愿意服务同学，并有一定工作能力，团结友爱、品行优良的少先队员。课堂每周开讲两次，分为每周二的会议和每周五的学习。五年来，队长们培养了一茬又一茬，每届的队长都比上一届的更胜一筹。队员们在这里增强了信心，掌握了本领，学会了合作，把各个中队、小队都建设成了快乐、友爱、向上、进取的好集体。

当然，队长课堂都是在摸索中前行的，还需要勤总结、多改进，以达到最初的教育目的。现将部分经验做法进行浅显的小结。

一、正身先正心，提高小干部的心理素质，
为"织梦"强大起来

心理问题确实是人的一块"心病"，它一直困扰着人们的思想和行为。无论是老师，还是队员，都多多少少有一些心理上的障碍，这给我们的工作和学习带来了不必要的麻烦。消除烦恼，保持积极向上的乐观精神，豁达大度，是做

好工作的"法宝"。

少先队骨干年龄尚幼,独立性又较差,他们既要学习,又要完成老师交给的任务,可能有时会应接不暇,没了头绪,慢慢地就会出现烦躁、任性、易怒等情绪失控现象,甚至会有不当干部、甩手不干的想法,这是心理问题在作怪。这时,辅导员老师要耐心地帮助他们,替他们疏通症结,进行调治,提高其抵抗困难的能力。

（一）缓解心理压力

可以带领队员边游览校园边小结工作。呼吸新鲜空气,放松心情,之后再帮助队员分析工作或学习中遇到的困难,用师生之间平和的心态相互交流,让队员认识到自己的不冷静,进而重新面对。还可以有意让队员欣赏一段优美明快的音乐,以缓解心理压力,缓解紧张的情绪,把郁闷消除在最初阶段。

（二）磨炼意志力

意志力,其实是人的一种自律过程。"贵在坚持"说的就是这个道理。当前的少先队员最缺乏的就是自我意志的磨炼,包括小干部,做事往往半途而废,达不到预期的效果。队长课堂上可以组织开展一些专门训练队员意志的活动。如:可以组织徒步活动,让小干部担当各中队的"小司务员",解决本中队出现的一些小问题。这样,既锻炼了意志,又提高了组织和解决问题的能力。还可以组织小干部参加志愿劳动、队列练习、动手制作展板、手工等活动。通过这些练习和活动的开展,能间接地使小干部们具有一种良好的素质。辅导员老师还要及时鼓励队员,使他们相信"我能行",一气呵成地完成任务,达到锻炼的目的。

（三）提高自信心

一位主持升旗仪式的小主持人,在每次主持之前总是说:"老师,我腿总是软软的。""老师，我突然觉得口渴。"可以看出他的内心缺乏自信。自信心是一个人做事成功的必要条件。自信就是相信"天生我材必有用"，相信自己一定能行，这样做事才能成功。古人云："疑人轻己者皆内不足。"如果自己连一点自信心都没有，那么所谓的自信就是盲目的乐观，做事情就不会成功。各项少先队活动的开展都需要队员拥有一份自信：民主选举大、中队干部时，让队员人人上台演讲，竞争上岗，通过这份勇气来增强他们的自信心；让小干部管理少先队红领巾广播，自己找材料，安排广播内容；少先大队召开庆六一文艺演出活动，可以让小干部组织联系各中队，安排好节目顺序；少先队的队务、劳动、纪律等工作分别指派小干部去管理。辅导员老师先要用言语激励他们，增长其自信心，让他们产生一种能做好工作的愿望，然后放手让他们去干，隔一段时间之后，汇报情况，交流看法，改进方法，提高工作水平。这样，逐渐使小干部具有一种积极的心态，发挥出巨大的潜能。

二、创设竞争环境，培养自主意识

队长课堂上，各个中队、大队的干部按照年级和职责排好座位，也是鼓励队长们积极进取的一个潜移默化的手段。队干部的岗位也是可轮换的，每个人根据自己的特长，都可以在自己觉得能胜任的职务上获得锻炼的机会。在队干部的配备上，我从不搞一言堂，而是放手让学生选举，使所有队员明确自己的自主权，树立自主的意识，每个队员都有权利参与竞争，每个队员都有权利投票选出自己认为合适的队干部。

红领巾理事会的大队干部改选定在每年六一之前，我组织队长们讨论：什么样的人适合当队干部？谁在这一学期以来进步最大？谁的工作从没让老师担心过？谁进行了从"完成"到"创新"的飞跃？在队长课堂上，队员们畅所欲言，充分发表自己的看法。有的认为，学习好才能当选；有的认为，纪律好能管住自己的才能参选；还有的认为，不自私，热心为大家服务的队员才有资格……一时间大家争论得十分激烈。我不忙于下结论，而是让大家找出几条主要的条件，写在黑板上，再组织大家讨论。最后大家一致认为，热爱集体，在各方面有积极进取的精神；能热心为集体服务，公正无私；能代表队员讲话，敢于与不良现象斗争；勇于创新……这样的人才能当选队干部。理越辩越明，在这样的讨论中得出结论，培养了队员们的自主意识。

标准明确后，我还让队长们知道，当选大队干部，固然是伙伴们对你的肯定，但更多的时候，队干部需要牺牲自己的时间和精力，去为大队、为中队、为其他队员服务。因此，在竞选活动之前我还组织队员们讨论，进一步明确少先队骨干的职责，让大家正确认识到队干部不仅意味着荣誉，还意味着奉献，更意味着职责，即"多一道杠杠，就多一层责任"。我认为，只有让队长们明白这些道理，才有可能尽职、主动地投入到少先队工作中。

在正式竞选之前，我让队员们自己回家先写竞选演说稿，结合自己的自身特点谈自己的特长适于竞选哪个岗位，然后谈自己的工作设想和计划，请队员们为自己投票，并在今后的工作中监督自己的言行。全班有近半数的同学准备参加竞选，并写了竞选演说稿，张贴在教室的墙壁上。他们都表示愿意为同学们服务，愿意做好自己所竞选的工作，真诚地希望同学们能投自己一票。事实证明，这样的活动特别有助于树立和锻炼队员的自主意识。

竞选成功后，新一届大队长、大队委们集中亮相，接受其他队员的提问、了解，让他们明白成功当选就是责任上肩，要切实为队员服务，不仅要有工作热情，还要不断完善自我，提高自我，主动争取全体少先队员的理解、认同、支持，主动为他们服务，树立自己的服务意识和小主人意识。

三、学习与分享，让工作更加得心应手——丰富多彩的专题培训

如今，电视、网络等信息源越来越广泛地影响着我们的少先队员，对他们的世界观、人生观、价值观的形成产生了直接的、重要的作用。而他们对新事物和新情况的分析能力、判断能力、取舍能力都尚未成熟，这更加要求辅导员要洞悉新形势，在小干部的培养教育上要因势利导，让他们在学校求知过程中，以自身的思想历练为主，辅以家庭和社会的熏陶。在队长课堂上，常常出现的教育的内容和方法主要有：

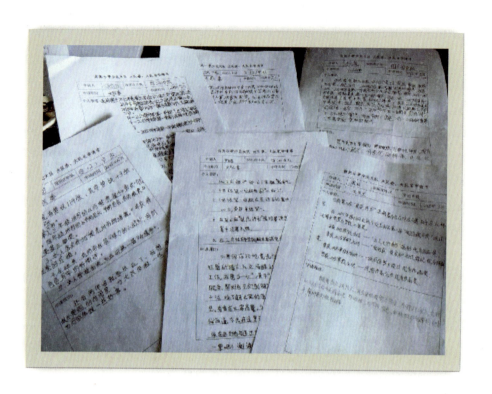

大队竞选表

（一）基础课程

1. 要求小干部认真学好科学文化知识，培养良好的兴趣爱好、顽强的学习精神和善于思考的好习惯

这是工作的源泉所在，工作的土壤所在。同时，学习少先队的历史知识，队章，队的性质、任务，等等。牢记南小队长的工作作风：态度要端正，工作有担当，服务有耐心，思路有创新。

2. 对小干部进行爱国主义和革命传统的教育

可采用拜访英雄模范人物、争当文明志愿者、义务到托老所劳动、慰问孤寡老人等方式，使他们了解历史，了解革命的艰苦，增强自豪感，从而在工作中磨炼自己的意志，坚定自己工作的决心。

3.引导小干部关心国内外大事

让小干部了解党在新时期的路线、方针、政策和现代化建设的重大成就，了解社会风情，了解教育动态。每周二的红领巾广播中有一个"一周新闻天下"版块，每个队长在准备的时候会集中进行资料搜集；每周五的学习课堂上，还会有一个轮流进行新闻分享的内容。这样，在工作中才会逐步增长"会当凌绝顶，一览众山小"的大局意识。

4.对小干部进行共产主义道德品质教育和法治教育

要表扬他们的好行为、好作风，选择带有普遍教育意义的事例，组织他们讨论、学习，帮助他们日益进步。培养他们在工作中依规依纪、遵从公正行事的良好作风。在一次"我最喜欢的老师"评选中，有一个队长没有做到秉公办理，私自做主改了选票。其他队长马上认识到这种行为的不正确。我了解到以后，先是秉着保护其自尊心的原则私下与他进行了谈话，让他不着急给我答案，而是多思考一下：此时的身份首先是队长，还是喜欢老师的学生？最后，这名队长认识到了自己的失误。我也和其他队长们分享了这件事（没有提及名字），得到了大家一致共鸣，即要时刻记得自己是队长的身份，要公平、公正，要让每一名队员都享受平等和民主的权利。

（二）技能课程

1.与时俱进，做文明高效的网络小达人

网络学习是趋势，也是让活动组织、实施更加有效率的方法。在网络发达的今天，队员们虽然是小学生，但他们一个个都是网络高手，有正确的引导就显得尤为重要。通过队长课堂的培训，让队员们意识到，电脑是工作的工具，而不是娱乐的玩具；是信息交流的平台，而不是影音播放器。队长课堂注册了专门的公共邮箱和微博，供队长们使用，还对公文的编辑以及上传都做了细致的规定。到现在，普通任务已经难不倒队长们了，孩子们自豪地说，现在在家都能处理队务、收集信息，在网络上有小朋友们在一起了呢！

2.艺多不压身，寻求更多的培训资源，丰富队长们的羽翼

为要求具备专业技能的岗位开设技能课程，如对宣传委员进行"板报设

学习记录本、会议记录本

计""美术字的应用"的培训,对文体委员进行"怎样指挥唱歌""怎样集合整理队伍"的训练。

(三)实践课程

实践课程是指由队长自己组织和参与的主题队活动、文体活动、公益活动、社会实践等。讲授、训练的人可以是大、中队辅导员,有专长的教师,有专业特长的家长,也可以是有经验、有特长的队长,采取老带新的方式。每次课程

公共邮箱、微博截屏

内容不能贪多求全，一次解决一个具体问题即可。课程还要分出层次，按低、中、高年级计划，这样便于主讲者联系队员的知识实际和生活实际，增强讲课的针对性和实效性。

1. 自己的活动自己组织，在活动的策划中学习怎样计划、实施与总结

每一次学校布置重大活动，我就将任务立即传达到队长课堂上，将相关要求具体说清楚，而不越俎代庖。我只是做一个旁听者，只起到一个指导者、顾问的作用，我放手让小干部们自己去组织、开展每一次活动。要他们根据实际需要，自己设计、策划、组织、实施工作，不可事事依靠辅导员，不能一切工作都等待和依赖辅导员的布置和安排。应主动地征求其他队员的意见，发挥组织者自身的自主作用。

比如：一次学校少先队大队布置各中队新年联欢。我就把联欢会的指导思想告诉了队干部们，并告诉他们先要确定自己的主题，自己找材料，自己设计、策划、组织这次活动，并向喜欢的老师发出邀请，有什么需要我可以帮忙，但我不会干涉太多；也就是说，这次队会要他们自己筹备，事事都靠自己。任务分配下去之后，所有队干部都行动起来，他们没有选择孤军奋战，而是联合全体队员，人人参与工作，中队长给队干们分工，有人负责排小品，有人负责写

串词，有人负责舞蹈，人负责指导诗歌朗诵……每次排练，小干部们都一丝不苟，无比认真。

2. 参观交流与检查评比

客观事实是最有说服力的，组织宣传委员观摩好的墙报、黑板报、手抄报，使他们受到启发，从而办出有自己特色的队报；组织卫生委员检查各中队室内外卫生，找出校园中的卫生死角。这些观摩、考察，直观性强，容易模仿；激励性强，促使队员们去创新、去竞争。为了更好地让队长们进行交流，可以举办主题交流沙龙。沙龙的自主权要充分下放，由队干部轮流主持。在这里，队干部之间可以敞开心扉，畅所欲言，各自谈自己工作中的得与失。

四、鼓励与评价

（一）各项检查工作可以发现队长们工作的绩效和存在的问题，评比可以激励竞争。工作检查的方法，一是由各级队长汇报工作，要求队长虚心听取委员

班级活动反馈表

和队员对队工作的批评，正确对待各种不同的意见。二是上级队委会对下级队委会的全面工作或某专项工作进行检查、评比，及时发现典型，总结经验予以推广。检查中，对于工作失误要及时指出，对有成绩有贡献的队干部，要及时表扬和宣传。

（二）集体表扬和分层表扬。每学期我们都会评选出优秀的中队，各项日常活动完成的效率和质量，都是加分的项目，这样，到期末每中队的情况就一目了然了。

附件：南关小学优秀中队评选条件

1. 队员遵守少先队章程，积极参加少先大队的活动并能取得优秀的成绩，是一个团结友爱、蓬勃向上的集体。每项10分。

2. 执行学校少先队大队工作计划，做到有中队计划与总结。10分。

3. 按时开展中队活动。在开展中队活动过程中，主题突出、形式生动活泼，充分调动队员参与的积极性，达到寓教育于活动中的目的。队会评比结果为优秀的中队加30分。

4. 积极配合、支持学校和少先队的工作并出色完成。如：值周工作、双板工作等。优秀值周班加5分，优秀板报每次2分，优秀黑板报每次2分。

5. 自主化程度高，队员们能真正做到自己的干部自己选，中队设有中队长、小队长，定期选举，按时参加大队的队干部工作会议，注重队干部的培养。优秀队干部每名可加5分。

6. 有自己的中队文化特点（室内布置有图书，有植物，按时更换有特色的内展板，其他装饰）。10分。

7. 学期红旗班加20分。

8. 中队有参加区级比赛的同学每人次加1分。

9. 能评为优秀中队的该中队的中队辅导员自动当选优秀辅导员。

备注：满分100，上加分不设限。取年级最高分为优秀中队。

分层表扬即鼓励优秀的队长对其助手、队员等进行表扬，这样一来每名队员都得到了不同层次的鼓励。如：在评选精神文明奖时，我给小干部们充分锻炼自己的机会，并鼓励他们自己制作了漂亮的精神文明奖章，奖给表现突出的队员，他们还给每名进步的队员写了热情洋溢的表扬信，收到了很好的效果。为了和每名队员更好地沟通，他们还亲自制作了"知心信箱"，从而拉近了他们和每一名队员的距离，使整个中队形成了健康向上的良好的风气。

五、激发创造性思维，提高小干部的创造精神和创造能力

培养小干部的创造能力，首先要让他们学会观察和思考，还要学会从不同角度观察事物，锻炼想象力。也就是说，独具匠心的东西才能独树一帜，吸引他人。如：少先大队要召开一次主题大队会，选择什么样的主题，设计什么样的内容，要达到什么目的，辅导员的思路也是有限的，这时就可以把小干部召集起来，大家集思广益，统一思想，敲定方案。当辅导员老师采用了他们的建议后，小干部们的信心就会更足。之后，我们可以把每一次队活动的设计都当作队员发挥创造性思维的机会。

总之，知识需要积累，能力需要培养，队长课堂就是针对目前少年儿童缺乏自主意识与创造能力的现状，有针对性地加以训练、培养和提高。现在，无论是小学生、中学生，还是大学生，他们中的许多人都是只重学习，只重学历，只重文凭，却忽视了自身能力的培养，这是非常不可取的，高分低能的人是不会在未来社会中站住脚的。所以，我从少先队工作的角度出发，抓住一切机会，培养少年儿童从小学会求知，学会做事，这样，才能适应将来社会的需要，才能在新世纪里找到自己的位置，畅通无阻。

少先队与社区结合为平台，
培养少先队员的交往能力

马屾

小学生自从进入学校的第一天起，就翻开了人生新的一页。他们在学校里学习知识，接受教育，在认知、情感、性格、交往等方面都在快速地发展。随着知识的增长，交往范围的扩大，年级的升高，小学生的社交心理也随之发展，但同时也表现出了一些社会交往心理问题。

一、小学生常见的社会交往心理问题表现

（一）不良情绪体验

1.社会交往焦虑

焦虑是某种实际的类似担忧的反应，或者是对当前或预计对自尊心有潜在威胁的任何情境具有一种担忧的反应倾向。小学生社会交往的焦虑多表现在小学生同伴交往中。比如在众人面前觉得不安，被老师或同学批评了总想不开，在交际活动中常常无所适从，人云亦云，缺少朋友，等等。小学生社交焦虑程度是衡量小学生在同伴群体中是否感到安全的重要指标。

根据我国教育工作者的长期观察和研究发现，小学生在交往活动中存在着不同程度的社交焦虑。我校也对小学生社会交往焦虑程度进行了调查，采用问卷的方式对二、四、六年级各 2 个班，共 6 个班的学生进行了调查，基本情况如下表：

表 1　小学生社交焦虑基本情况

焦虑程度	分值（分）	百分比（%）
基本无焦虑	4 以下 92 人	30.5
轻度焦虑	5—9 162 人	53.6
中度焦虑	10—14 46 人	15.2
重度焦虑	15—20 2 人	0.7

　　调查结果表明有近 70% 的小学生在社会交往中存在着不同程度的焦虑。同时，社交焦虑存在着年级的差异：二年级学生的社交焦虑水平高于四、六年级，六年级又高于四年级。

　　2. 孤独感

　　在生活中我们会发现有些孩子常常觉得自己是茫茫大海中的一叶孤舟，性格孤僻，害怕交往，莫名其妙地封闭内心，顾影自怜。他们不愿加入集体生活，却又抱怨别人不理解自己、不接纳自己。心理学中把这种心理状态称为闭锁心理，而把因此而产生的一种感到与世隔离、孤单寂寞的情绪体验称为孤独感。

　　小学生在社会交往中的孤独感还会伴随着焦虑情绪出现而出现。孤独感体验同样反映了儿童在同伴群体中所产生的不安。长期的孤独感体验会对小学生的身心健康产生不利的影响。

　　为了了解现阶段小学生社会交往能力，我校少先队大队采用自制问卷进行调查，内容主要涉及小学生社交范围、社交技巧、同伴交往、师生交往、家庭交往等方面，调查对象为四、五、六年级各一个班，共 116 名学生，有效问卷 106 份，其中四年级 35 份，五年级 30 份，六年级 41 份。

　　在调查中，当问及在学校是否常常觉得孤单时，在被调查者中有 18.4% 的小学生认为在学校中会感到孤单。具体情况如下：

表2　小学学生孤独感基本情况

对在校孤独感的认同程度 人数（人）	百分比（%）
认同 10	9.2
比较认同 10	9.2
难判断 8	7.3
不太认同 27	24.8
不认同 54	49.5

孤独感存在年级的差异：四年级学生的孤独感高于五年级，五年级学生的孤独感高于六年级。说明小学中年级学生的孤独感最强烈。

表3　小学不同年级学生孤独感状况比较

年级	认为有孤独感的人数（人）	百分比（%）
四	7	20.0
五	5	17.2
六	8	15.6

（二）人格问题

1. 自我中心

由于我国施行计划生育政策，目前，绝大部分小学生是独生子女。在独生子女群体中，个体的自我中心心理倾向更易发生。自我中心心理是小学生对人际认识存在偏差的结果，主要表现为：一切都要服从自己的意志，只关心个人的需要，强调自己的感受。部分小学生在与同伴的游戏等自发活动或家庭生活中习惯把自己作为中心，高兴时海阔天空、手舞足蹈，不高兴时则不分场合地乱发脾气、言语冲撞，全然不顾及别人的情绪和感受。

2.胆小、羞怯

害羞，是主体渴望交往而缺乏勇气、胆怯的一种情绪状态。胆小和害羞心理在社会交往中是人人都存在的心理现象。在美国，有人调查，40%的人认为自己有怕羞的弱点，交往中往往约束自己的行为，不敢表达自己的思想。

胆小害羞的表现之一就是紧张感。在对我校四、五、六年级学生进行的社交能力调查中，21.8%的被调查学生认为当面对众人发言时会特别紧张，调查情况如下：

表4　小学学生发言紧张感状况

对当众发言很紧张的认同程度	人数（人）	百分比（%）
认同	24	21.8
比较认同	29	26.3
难以判断	9	8.2
不太认同	18	16.4
不认同	30	27.3

在年级差异的比较中发现，随着年级的增高，小学生在当众发言时的紧张感有所减少。情况如下：

表5　不同年级学生发言紧张感情况比较

年级	较强紧张感者所占百分比（%）	基本无紧张感者所占百分比（%）
四	20.0	51.4
五	13.8	51.7
六	8.9	64.4

据观察，有部分小学生在同伴交往、师生交往、家庭交往等社会交往中会出现胆小、羞怯的情况。观察发现，一些孩子的话不多，也不常和人交谈，在和陌生实习老师的交流中常处于被动地位，但他们的行为举止是正常的。心理

卫生专家认为，这种表现属于社交性退缩。有这种心理障碍的孩子，平时的表现正常，一旦处于社交情境或集体生活中，就出现异常反应。

3. 情绪控制力差

小学生情感和情绪发展是阶段性的过程。在人际交往中，低年级学生的情绪比较外露，交往对象不确定。随着年龄的增长，高年级学生的情绪体验内敛化，控制和调解情绪的能力逐渐增强。但受到心理发展水平的限制，小学生控制情绪的能力是有限的，其能力弱表现在小学生的外显行为上：不管低年级、中年级还是高年级的小学生都十分好动，常常无节制玩闹，精力旺盛；学生上课时注意力集中时间不容易持久，组织纪律性较差等。他们的情绪变化快，喜怒常被外界影响控制，学生之间常因为小的摩擦而引起言语或肢体的冲突。

4. 嫉妒心理

小学生的情感体验受到阅历、环境等因素的影响，显得不是很丰富。在小学生的交往过程中，嫉妒心理并非广泛存在，但一部分小学生存在嫉妒心理或倾向。老师的不公平对待和家庭氛围的影响是引发小学生同伴之间嫉妒心理的主要原因，产生的情绪大多表现为不愉快、生闷气等。比如，有一位家长在进行心理咨询时提到她读小学的女儿，说这个孩子聪明伶俐，受到老师的喜爱，老师有什么事就让她做，她常常受到表扬，但这位家长发现孩子无法接受老师对其他孩子的表扬，表现为回家生闷气，对那些同样受老师表扬的孩子产生敌意等。

5. 责任感不强

小学生人际交往中的责任感，主要是针对同伴交往和家庭交往中的责任意识。具体表现在：能履行自己的承诺、面对所作所为勇于承担责任、交往中与他人以诚相待、平等相待等等。小学生在社交中出现的责任感不强，往往表现在对所犯的错误或过失拒绝承担责任；对自己义务的完成需他人提醒，例如卫生值日义务；在合作解决问题或执行任务时，不能很好履行自身的职责，当失败后，又常常抱怨别人而不从自身找原因；等等。

二、以少先队为依托，使少先队员在活动中提高社交能力

（一）培养学生交往能力的针对性

人是生活在各种人际关系中的。随着社会的进步、经济的发展，未来社会需要的人才要有更强的适应能力，具有良好的交往能力是能够适应未来社会的重要标志之一。可以这样讲，社会越先进，人际关系就越显示出其特有的价值，越先进的社会，就越需要有良好交往能力的人。

但是当前，无论社会、学校，还是家庭，或多或少受应试教育的影响，认为学生只要读好书，学习成绩优良，将来能考上一所大学就是一名好学生，而对培养学生的交往能力意识较淡薄，学生的交往能力被人们忽视。

另外，如今的学生大多是独生子女，他们以自我为中心，不太会处理与他人的关系，许多学生在家时很少有与外界接触的机会，有些学生在校时也表现得很不合群，沉默寡言，与人交往能力较差。

（二）培养学生交往能力的重要性

人生无处不交往，生活处处皆学问。人际交往是人生的一门学问，是青少年必修的关键课程。卡耐基有个基本观点：在成功人士之中，只有 15% 的人的成功取决于智慧、专业技术和工作能力强，而有 85% 的人的成功主要取决于与人交往的能力，是否具有良好的人际关系。由此可见，一个人的交往能力如何，对人生的成败影响很大。

如今社会飞速发展，竞争激烈，各行各业都需要交往能力强的人。

（三）培养学生交往能力的独特性

在少先队社区活动中，培养学生交往能力又有其独特性。我们主要研究如何通过一系列社区活动，培养学生交往能力的方法、目标、内容及操作程序。

三、实施过程

（一）开展活动中遇到的困难及解决方法

1.开展少先队社区活动时，由于时间一般都在双休日、节假日，所以部分家长怕麻烦，怕孩子在路上出事，认为这些活动对孩子成长没什么益处，不太支持。为转变这些家长的观念，活动前我们做好宣传、发动组织工作，我们和居委会工作人员一起，在社区宣传栏、黑板报上刊登了培养孩子交往能力的有关文章，召开部分家长座谈会，请一些成功人士在社区做讲座。这样，家长们意识到了孩子的交往能力不容忽视，交往在孩子的成长中起着一定的作用。于是，很多家长由原来的不支持转变为积极主动地把孩子送来参加少先队社区活动，使学生融入社区活动中。

2.现在的孩子生活范围较小，一般都是学校、家庭两点一线，与人接触机会少，在生人面前时常会显出羞怯态度，而又有些学生在和别人交往时不肯吃亏，不懂得尊重人。我们在开展少先队社区活动时，设法为他们创建一个个交往的平台，引导他们与同龄人交往，与社区辅导员交往，与社会上各行各业的人交往。

（二）培养学生交往能力的措施、方法

1.循序渐进，逐步拓宽交往面

起初，设计一些活动，如：卡拉OK赛、下棋、画画、插花、读书活动等，主要让学生与同学、老师、社区辅导员交往，引导他们掌握交往的基本技巧。如：在开展学插花活动时，先请社区辅导员讲解，然后示范，最后学生学习插花。这时，向学生提出要求，在插花时遇到问题，可以请教社区辅导员，也可以请教同学。使他们懂得在向别人请教问题时要谦虚、大方、有礼。然后，再设计一些活动，使学生与社会其他人群交往。如：与退休工人下棋、与保安叔叔联欢、当一次营业员、和园艺工人一起劳动等。在和园艺工人一起劳动时，事先让学生讨论：在劳动中要注意什么？经讨论，大家都明白了在劳动时要齐

心协力，向园艺工人学习，取他人之长，补自己之短，以出色完成任务。又如：在和保安叔叔联欢时，动员每位学生主动地和保安叔叔交往，和他们谈话。鼓励个别胆小内向的学生。如果有学生在老师鼓励下，还是不敢和保安叔叔交往，我们就和保安叔叔商量，让他们找这些学生交谈。逐步消除这些学生的顾虑、羞涩，使他们勇敢地迈开与人交往的第一步。

2. 鼓励学生在活动中找朋友，广布友谊的网络

有句名言说："人的实质是社会关系的总和，离开人与人的联系与交往，人就不存在了，就不能发展了。"

3. 活动中，老师和社区辅导员作引导

给学生讲解与人交往的一些技巧，教他们调整自己的心理。学生在活动中与人交往碰到困难，老师和社区辅导员鼓励他们勇敢面对；学生与人发生摩擦时，引导他们消除隔阂。如：有一次，我们开展发宣传单的活动，要求学生把一张张安全防范的宣传单发到居民手中。有几名学生由于没注意和居民交往时的礼貌，所以有几个居民在悄悄议论他们，老师和社区辅导员就引导他们：在和居民交谈时，首先应讲文明、有礼貌。几名学生马上改正了缺点，活动顺利结束了。活动完毕，大家一起有所针对地作了小结。

（三）交往是人与人之间的联系过程，是人与人之间运用语言或非语言符号传递信息、表达思想、交流情感的过程

我们主要从以下四个方面来衡量学生的交往能力是否有所提高：

1. 交往的需求

心理学常识告诉我们，与他人交往是人的一种心理需要。特别是在衣食住行基本能得到保障的今天，我们就更需要得到别人的爱抚、同情、理解、关怀和帮助。学生在少先队社区活动中，对交往的需求明显提高，他们希望与同学、老师、社区辅导员及社会其他人群合作、交流，以获得更多更新的经验、信息。

2. 交往的意向

在学校，学生就和老师、同学交往。而在少先队社区活动中，他们的交往面拓宽了，交的朋友也多了。在活动中，他们初步学会了交往的方法，明白了为什么要学会交往以及怎样与人交往，初步掌握了人际关系的诀窍。

3. 交往的心理

交往是人的特殊需要，这种需要如得不到满足，就会影响个人身心健康。一个心理健康的学生应具有建立健康积极的人际关系的能力。善于与别人合作，既能使个人的主要需求得到满足，又能使自己对别人持积极的态度，宽容、富有同情心。在少先队社区活动中，我们主要培养学生如下的交往心理，让他们把与人交往当成一件愉快的事：

（1）认识到与人交往重在获得友谊，增长见识。

（2）不断增长见识，在与人交往时有自己独特的见解。

（3）勇于尝试，循序渐进地提高自己的社交能力。克服心理障碍，大胆地进入社会环境，进行自我的心理平衡。

（4）培养活泼开朗的外向型性格。在活动中，要尽量接触不太熟悉的人，使学生认识到一两次的失败是很正常的，不要太在意，而要积极参与，不断锻炼自己，进而不断丰富自己，发展自己。参加少先队社区活动后，学生与人交往大胆多了，在生人面前不怎么拘谨了。

4. 交往的技巧

在少先队社区活动中，我们主要通过口语交往训练、创设情境角色扮演、故事等多种活动，有意识地培养学生如下的交往技能：

（1）学习微笑技能；

（2）学习倾听技能；

（3）学习赞美技能；

（4）学习自控技能；

（5）善于主动承认错误；

（6）善于宽容他人；

（7）善于正确比较；

（8）学会调节技能；

（9）学会语言表达能力；

（10）学会交往礼仪。

通过一系列社区活动，学生懂得了交往中要互相尊重，诚实守信，团结协作。

四、取得的效果

开展少先队社区活动后，学生交往的机会增多了，双休日、节假日的生活更丰富了。通过调查，有90%的家长认为，社区活动的开展培养了学生的交往能力，学生积极主动参与，愿在活动中更好地完善自我。通过广泛交往，也能对社会和人生深入地了解，学生认识的人越多，信息、经验也越多。

有学生在日记中写道："我原是一个害羞的女孩，参加了社区活动后，胆子变大了，交了很多朋友，和陌生人说话不像以前那么拘束了……"之所以能取得这样的效果，是因为我们开展的这些社区活动从内容到方法符合了学生生理、心理发展的规律，遵循了循序渐进的原则。

五、几点思考

（一）如今的学生一年中有170多天时间在社会度过，社区是延伸教育的主要阵地，大力开展少先队社区活动，不仅使少先队进一步活跃起来，而且从中能培养学生的交往能力。通过交往，增进了团结，培养了协作精神，队员在关心他人、关心集体、关心社会的过程中，培养了团队精神，升华了道德情操。

（二）少先队社区活动将德育的规范、教育导向生活，导向社会，拓展并践行了人与世界的生动、活泼、丰富的关系。

（三）开展少先队与社区活动，引导学生与其他社会成员交往，使学生的交往在社会活动中潜移默化地进行，使他们健康地成为一个符合社会需要的成员。

"胡同娃 运河情"少先队活动案例

马屾

一、活动背景

（一）地域文化建设

2017 年 2 月 24 日，习近平总书记视察北京城市副中心建设时指出，通州有不少历史文化遗产，要古为今用，深入挖掘以大运河为核心的历史文化资源。同年 7 月 1 日，北京市委书记蔡奇、时任北京市代市长陈吉宁调研大运河文化带保护利用工作，蔡奇强调，要深入学习领会习近平总书记重要指示，以高度的历史使命感推进大运河文化带建设，进一步擦亮世界认可的国家文化符号。

通州区推进大运河文化带建设，在经过摸底调查的 236 处不可移动文物登记项目中，重点选择了运河文化特征明显的部分项目，优先进行抢险修缮和挖掘整理。其中，重新打造百年老胡同，是修缮和挖掘的重点和亮点，通过这一打造，让居民、游客感受到自己处于运河文化之中。

（二）学校周边环境

南关小学位于有着百年历史的通州区南大街胡同内，60% 的队员的家都在南大街附近。根据城市副中心建设对 104 处文物遗址"不拆不迁不改"的政策，南大街的十八个半截胡同作为城市副中心重要片区将专项保护，整体运营管理。

通州的南、北大街街区成形于元代，距今已 600 余年。在通州旧城南门内东隅，十八个半截胡同是以回族为主的聚居区。

（三）学校特色课程

为了使队员们深入了解十八个半截胡同并从中探寻大运河文化带的丰富学识，在城市副中心建设发展的过程中，尽自己的一份绵薄之力，让孩子们参与进来，知家乡、爱家乡，同时使队员进一步将运河文化传承下去，学校德育部联合少先队开发了"胡同课程"。目前正在践行的课程包括"胡同历史——十八个半截胡同""胡同小吃"等。队员们尝试实践调研、动手操作，更加立体化地了解胡同文化，并尝试保护胡同文化。

此活动设计根据《北京市少先队活动课实施细则》中第四板块"中国特色社会主义方向的社会认知教育"的相关内容进行设计，少先大队队长课堂成员和校红领巾小记者团成员为活动对象，由队员自主组织实施，是一次跨年级的"少先队队长课堂"大队活动。

二、活动目的

（一）通过对胡同中的民居建筑"门墩、门钹、门楼"的实地探访，对胡同文化保护参与单位负责人、居民的采访，关联胡同及大运河之间的历史故事，进一步增强对胡同文化的认知。

（二）通过实地实践探究，感受有历史、有感情、有故事的胡同文化，品味朴素而有滋有味的生活，浸润活着的运河沿岸风情诗。

（三）引导队员们充分发挥自己的主人翁精神，自主思考对胡同文化的保护行动，并付诸实践。

三、活动准备

（一）队员准备

建立临时中队，并分小队查找相关知识：阅读"学习强国"APP上关于胡同文化及建设改造的报道文章，实地进入南大街十八个半截胡同，有意识地关注胡同里的民居建筑；通过网络搜寻中国传统文化关于"门墩""门钹""门楼"的知识。

（二）辅导员准备

与莲花寺胡同书记、居民以及通州区博物馆任书记做好对接工作，邀请他们参加少先队活动，并为队员做好胡同文化的解答释疑。

四、活动过程

（一）遇见最接地气的胡同博物馆

大队长带领大家利用手机分享学习"学习强国"APP上面的文章，同时实景介绍"最接地气的胡同博物馆"和《潞河督运图》。在参观了修葺一新的"老物件"胡同博物馆后，队员们探索胡同的产生、兴盛与回归平静和运河的发展之间的联系。通过访问胡同里居住的老先生，得知胡同与运河的历史故事。南街属于生活、商业街，北街属于商业金融街。而十八个半截胡同，则是由九条完整的胡同发展而来的。队员们在实践中，探究十八个半截胡同的传说与由来。

大队长播放前期红领巾小记者采访视频，介绍由北京建工集团承建的中仓街道背街小巷环境整治提升工程。现在十五条背街小巷已成为大运河畔一道亮丽的风景线。同时，介绍熊家胡同的规划设计方向是打造"最接地气的博物馆"，让队员们知晓博物馆的这些富于年代感的老物件都是胡同居民捐助的，从储藏粮食的粮仓到处理粮食的农具，从农耕时代到计划经济时代再到市场经济时代，别出心裁的"橱窗博物馆"让居民能在穿行之时一眼找到历史。

（二）寻找胡同民居的建筑文化元素

三个小队展开研学，分别走到不同胡同里对"门墩""门钹""门楼"进行实地采风。利用拍照、绘图等学习方式搜集填写研学任务单的资料，完成后再回到集合地进行汇报分享。

1. "门墩"小队

队员们对实践探究的门墩进行研究分类，根据已知晓的门墩知识，向队员们介绍门墩及其基本制式。

队员们通过模型和实地观看，会发现门墩上有不同的图案。就这些图案的意义，队员们将深入地探究，选取五个不同的门墩进行欣赏与思考，并将研学的结果进行填写。小队长组织队员们将手中的研究结果进行汇总，如果有不明白的事项，可以对居民进行访问。随后，队员们用手中的彩泥捏一捏，完成简单的门墩作品。

2. "门钹"小队

通过活动课前期的现场走访，队员们得知，门钹由两部分组成——门环和铺首。队员们搜集不同的门钹进行拍照对比，记录下它们的不同和美好寓意。再用笔画一画，感受各种民俗吉祥物组成的门钹，了解它们丰富、强烈的内涵及洋溢着的中华民族独特的智慧美和朴素美。

在队员们动手制作仿铜门钹泥塑后，小队长展示队员们已完成的作品并请大家说一说作品的名称和寓意。这一环节主要让队员们展示课程内容，进一步了解胡同文化。

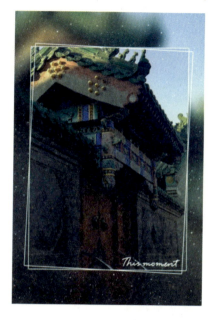

随墙门楼   清真寺的垂花门楼（一般作为侧门）

3. "门楼"小队

在去往清真寺的路上，队员们会看到很多民居的门，它们有的简单，有的复杂，建筑规格也不一样。它的作用是一家一户的总甬道，也是主人的"脸面"。在十八个半截胡同的民宅中，有现代瓷砖贴面的门楼，也有保留了几十年甚至上百年的饱含沧桑的门楼。

队员们的任务是寻找最美的门楼。队员们边走边拍，边对比。在通州区博物馆任书记的介绍中，队员们将得知门楼的一系列知识，包括门楼的名称、制式和现实中的作用等等。

在拍摄和记录了几个有特点的门楼后，队员们将自己的收获记录在研学任务单上，并同任书记一起回到集合地参与活动。

（三）探索胡同文化课程更多的未来

三个小队回到集合地，在大队长的带领下进行汇总，展示各小队的实践收获。对于因重视程度不够，使具有历史意义的民居文物随时间流失的现象，大队长呼吁队员们动手写提案，让居民及社会各界都重视自己身边有历史文化意义的"老物件"，让大家意识到它们不是普通的石头，是见证历史的"眼睛"，应该得到重视和保护。作为新时代少先队员，应该为文物保护做出自己的行动，全体队员们将呼吁内容内化后，尝试填写关于文化文物保护的红领巾小提案。

五、活动拓展与延伸

活动后，队员们进一步查阅更多有关十八个半截胡同的相关资料，去走访发现胡同文化的传承，搜集更多从胡同走出的名人，并相互交流，尝试探讨、实践出更多的胡同研学方向及成果，丰富自己对胡同的认知。

六、活动预期效果

1.通过前期准备与活动的进行，队员们对十八个半截胡同以及大运河文化有了更进一步的了解，带着发现传统之美、感受传统味道的心去体会小胡同里生活的大智慧。

2.通过对身边事、身边人进行走访，了解胡同里珍贵的民居文化和文物，少先队员要以传承和接班为己任，走进历史，保护文物。

七、活动评价

活动从队员身边生活场景入手，结合当下新闻热点与当下文化发展趋势进行问题式导向和实践研学。不仅在活动形式上各具特色，内容上也从了解民居文物延伸到文物保护，彰显少先队活动的思想深度和实践力度。

迟来的"优"

邢磊

课间十分钟，我埋头赶批着作业，一路打对钩，批到小缘的作业时卡壳了，怎么又写错了！我叫同学把她"请"到我的身边面批，她的作业本上有两个错别字，我用红笔重重地圈了出来，一脸严肃地说："千叮咛，万嘱咐，不要写错别字！要仔细检查！"声音不高，分量却很重。说完，我抬头看了她一眼，想从她脸上找到悔过的表情。而这一瞬间，她没有说什么，眼睛睁得大大的，眼神茫然，表情也变得很木然，我的心为之一颤。我蓦然感到从她心底流淌的渴望变成了失望，她对学习的热情正在悄悄地消逝。

她带着失望的表情低着头走后，我静静地边想边自问：她为什么失望？她在等待着什么，是我的批评还是我的表扬？我又重新审视这份作业：字的"个子"缩小了许多，在拼音格里的章节排得很匀称；一笔一画写得重重的，十分清晰有力；她还默写了整整两页词语，哦，相当于做了四天的作业呀！我着实吃惊不小，不觉翻看起她前阵子的作业，她的作业整洁了，字迹端正了，每天的默写总是别人的两倍，而等来等去却看不到一个"优"。为什么刚才我没看到这些，只看到两个错别字？记得前两天我发作业的时候，她老是悄悄地翻看优秀作业的名单，而我当时还曾不屑一顾地阻止她……噢，我对她做了什么？猛然间，我仿佛看到了她那带着期盼的眼神，仿佛一下子明白了那眼神所有的含义……这份作业突然变得很沉重，因为这是一个孩子努力后等了很久的期望，这是一个孩子用"心"写的。一个简单的对错符号只能判断作业的正误，而一份作业只是用来评价对错的吗？面对一份真正有质量的、蕴含着特别价值的作业，必须以自己的一颗真诚的心去发现、去触摸、去呵护……

因为懂得了，所以也特别珍惜，我在她的作业本上工工整整写上了一个"优"，盖上了三颗鲜红的"星"（第一颗代表格式正确，第二颗代表字迹工整，第三颗代表主动多做练习），还特意画上一张"迟来"的笑脸，而这代表她进步了，老师为她高兴。

上课铃响了，我夹着作业本走进了教室，学生们在静等我的评价，我习惯性地把教室扫视了一圈后，看到小缘低下了头。我笑了笑，说："同学们，这次作业许多同学都是全对，我非常高兴。"边说着，我边举起了一摞作业本特意停顿一下说："告诉同学们，今天老师还发现了一份最满意的作业，她是谁的呢？"没等我讲完，同学们就一下子把目光投到班长身上。我再一次停顿了一下，激动地大声宣布："小——缘！"同学们惊讶地看着我。但从同学们的眼神和小声地嘀咕中，我看出了他们心中的疑惑。我翻开作业本，把上面的"优"和三颗鲜红的"星"展示给大家。我带头鼓起了掌，随即，教室里响起热烈的掌声。"你们看，她写得字迹工整，格式正确，还主动多默写这么多词。老师看到这份作业是她最努力，也是她最优秀的一次作业。这次作业要是没有两个小失误，那就更好了，希望你再细心点，继续努力，你有信心吗？"我边说边走到她身边，把作业本摆在她的课桌上。她先迟疑地看看大家的目光，又仰头看着我信任的目光，好像我赐予了她无穷的力量，高兴地睁大了眼睛，使劲地点了点头。我看到了希望，看到了她那鼓足了的劲头，我和同学们都异口同声地说："加油！"

要知道，这个"优"对于小缘来说可是"放卫星"的大事了。三年级刚接班时，我就感到小缘是个"有嘴没手"的孩子，课堂上夸夸其谈，课后作业乱七八糟，作业中错字连篇。我很快就熟悉了她的"李氏字体"，不用看名字，就能一下认出。

当我回到讲台上，望了一眼小缘时，平时很能说的她，这时就像军人似的，坐得笔直，我从她的眼神中捕捉到了从未有过的兴奋与自豪。从此，小缘的作业越来越好，而她也越来越爱学习了。我为此举使她有了如此的变化而庆幸，也为这"迟来"的"优"感到惭愧，这也使我懂得了，教师对学生要多元地评价，不要吝啬自己的表扬。

此后，我告诫自己，不要再出现"迟来"的"优"。这样的"特批作业"多了起来，作业本上又多了许多丰富的内容：一面面鲜艳的小红旗，一个个"优"，一个个可爱的笑脸……一个个无声的表扬，使孩子们像雨后春笋，吐露着积极向上的勃勃生机。

沟通的力量

——家校合作案例

邢磊

我班金同学虽然个子不高，但长得虎头虎脑，大大的眼睛，可以说是一位标准的帅哥。记得我刚接班时，一进教室就看见他在和同学打闹，并不断向周围的同学高声叫嚷，对周围同学的眼光他似乎并不介意。有时在我通知班里的一些事项时，他会大大咧咧，甚至还从椅子上站起来大声喊叫，打断我的话，我很生气，责备他几句，他倒是马上就停住了。在学习中，我发现金同学成绩很不理想，学习对他来说就是负担，但他乐于助人，经常帮助同学，他与同学相处倒和睦。而且我看出这孩子很聪明，喜欢表现自我，但注意力和自控力存在问题，喜欢灵活性强的内容，特别喜欢老师的表扬和鼓励。

于是，一天下午放学，我约见了金同学的家长，他的父母都来了。让我有点吃惊的是，金同学的父母是非常淳朴的两个人。在和家长沟通的过程中，我了解到：金同学小时候，父母忙于工作并没有多管理他的学习，小学三年级前他不断地捣蛋，以至于老师和其父母约定他下课除了上厕所以外不能离开座位，以免惹事。如果家长从老师处得知他没好好待着，又出了问题，他回家就要挨打。我知道，这两位是明理的家长，他们并没有偏袒自己的孩子，但是教育孩子的方法不够理智。人在成长过程中，正像他学走路、说话一样，经常犯错误，但又非常渴望周围的人尤其是父母和老师的赏识、表扬。一旦得不到别人的认可，就容易走极端，连续地犯错误，为了满足其好表现的心理需求，而作出某些极端行为，如打架、骂人、破坏课堂纪律等。这种极端行为对成人来说是非常错误、不道德的，但是对于一个孩子来说是正常的，可以理解的。因为他犯错，就断绝他和其他人交往的机会，久而久之，只会使他更加不懂如何正确与他人沟通和交往，而他也会更加不善于表达自己。

　　针对这种情况，我向金同学的家长提出了我的建议：一，我和金同学的父母要一直保持联系，基本上两三天互相了解一下情况。二，金同学的每一点变化，我们都及时地交流。三，我们共同暗暗观察他，发现他的身上的闪光点和他的每一点进步并相互反馈。四，在家里，金同学的父母适时对金同学进行肯定和鼓励；在班上，我也大力地表扬金同学的优点。我还会要求金同学准备一个专门登记作业的本子，请班长在每天放学时帮忙检查金同学是否记齐了作业。然后他的父母晚上在家中及时监督他完成。金同学的家长表示非常赞同，也不无愧疚地说他们在教育孩子问题上确实很失败。我安慰了他们，并且和他们约定要常保持联系，家校配合，尽最大力量去改变金同学。

　　渐渐地，我欣喜地发现，在学生们心里，金同学也并不像以前他们所想的那么"坏"了。有的学生在作文中还写到金同学为班级做的一些事。而他呢，增强了行为上的自控能力，他现在可以安安静静坐在教室里。到了五年级我还任命他当小组长，组员在他的管理下，各方面都有了很大的进步。他父母经常会对我说：老师，我现在睡觉都安稳了，不用整天提心吊胆，看到他的成长，真的非常感谢你！

　　可以说，在整个引导和教育金同学的过程中，我已经和他的家长成了好朋友，在学校和家庭间构建起一座沟通的桥梁，一起分享孩子在成长过程中的喜怒哀乐，用真诚和爱心共同撑起一片蓝天，努力让孩子走在洒满阳光、爱和鼓励的大道上，健康茁壮地成长。所以我觉得一个老师，跟家长联系，不应该只是在孩子出错、出事时，因为这样会让家长害怕和老师打交道，觉得老师整天只会告状，老师找上门，准没好事。学生有错固然要及时告诉父母，请他们帮助一起引导纠正，但学生有进步时，我们也应本着一份细心、一份爱心、一份善心、一份真心，及时地告知家长，让他们觉得孩子也有很多可取之处，让家长和孩子都感觉到老师一直都关注着他们的点点滴滴，以此来更好地推动家校间的良性互动，形成合力，共同投入孩子的教育和培养中。

润物无声

——特殊学生的转化

邢磊

    班主任工作的核心是德育工作，德育工作中最令班主任头痛的是转化特殊生，这不仅是班主任所肩负的重大而艰巨的任务，也是教育工作者不容推卸的责任。

    我刚接这个班时，前任班主任就跟我说班里有个叫缘缘的女生很特别，所有任课老师都对她有意见。刚开始，我还不以为意，心想，一个四年级小女生，还能做出什么出格的事？可是经过一段时间的接触，我发现缘缘不能按时完成作业，各科成绩都非常不理想。而且，别看她是个女孩子，上课要么扰乱他人学习，要么情绪低落，下课满楼道跑；与同学甚至老师也经常闹矛盾，同学们都嫌弃她，老师更是拿她没办法……每天不是科任老师就是学生向我告状，她是班里有名的"捣蛋鬼"，真让人头痛。于是，我找她谈话，希望她在学校遵守各项规章制度，以学习为重，自我调节，自我改进，做一名合格的学生。但经过几次努力，她只在口头上答应，行动上却毫无改进。这学期第一次单元检测，她竟然有好几科都不及格。看到她不思进取，我的心都快凉了：算了吧，或许她就是那根"不可雕的朽木"。可是不理她的那几天，她便变本加厉地闹起来！

    作为一位妈妈，一位班主任，看到孩子这样，我感到非常痛心。我觉得我不能再逃避了，必须要正视现实！为了有针对性地做工作，我决定先专程深入到她家去家访，进行详细了解。通过家访，我了解到，她父亲因重病去世不久，只有妈妈一人带着她，而妈妈年龄又较大，对孩子特别溺爱，导致缘缘习惯特别不好，她的妈妈也为孩子变成这样感到非常无奈。不过我发现，虽然缘缘在学校非常调皮，却是个特别孝顺的孩子。家访以后，我想方设法接近她，与她消除隔阂，拉近关系。她对妈妈孝顺，我就把她在家的表现讲给同学们听，并在班级中对她进行表扬；她歌唱得非常好，我就推荐她到学校的合唱队，参加学校组织的各种文艺活动。通过几次的接触，我与她慢慢交上了朋友，但她的纪律等并无多大改进，与老师、同学之间的关系依旧紧张。

后来，我便加强攻势：一边与她玩一边与她交流讨论生活，进而讨论学习。不动声色地教她遵守纪律，学会与他人相处，努力学习做一名好学生。在路上遇到她，我会有意识地先向她问好；只要她的学习有一点进步就及时给予表扬、激励……使她处处感到老师在关心她并信赖她，她也逐渐明白了做人的道理，明确了学习的目的。

通过半学期的努力，我看到了缘缘的变化，她上课开始认真起来，作业也能按时上交，各科检测成绩都能达到及格。与老师、同学之间的关系也改善了。由于纪律表现好起来，学习成绩也好起来了。趁着良好势头我不断加强巩固，安排班长和学习委员与她交流讨论学习生活。通过与科任老师几个月的共同激励、启发及同学们的共同帮助，奇迹出现了：午休及预备课，她不仅自己遵守纪律，还督促起那些不遵守纪律的同学。在良好的纪律保证之下，她的学习成绩得到迅速提高。

综练一检测之后缘缘主动找到我，表示剩下的这段时间将更加努力学习，争取在综练二检测中三科都取得好成绩。在以后的日子里，相信经过老师们的不断努力，她将被转化为德、智、体、美、劳全面良好的学生。

在我班缘缘这个在各方面表现得比较特殊的孩子的转化过程中，我深深地感受到，作为班主任，对待那些特殊的孩子，不能急躁，我们需要方法，需要耐心，更需要有打"持久战"的心理准备，所以，我努力做到：

一、以人为本，倾注师爱

尊重每一位学生，"以人为本"，是对每一位教师的基本要求。教育是心灵的艺术，如果我们承认教育的对象是活生生的人，那么教育的过程便不仅仅是一种技巧的施展，而是充满了人情味的心灵交融。这样教师才会对教育产生热爱之情。心理学家认为"爱是教育好学生的前提"。对于缘缘这样的特殊学生，我放下架子亲近她，敞开心扉，以关爱之心来触动她的心弦，动之以情，晓之以理，用师爱去温暖她，用情去感化她，用理去说服她，从而促使她主动地改正错误。

二、良师益友，宽容以待

班主任应是学生的良师益友，应宽容以待之。在中高年级学生群体中，绝大部分学生不喜欢老师过于直率，尤其是批评他们的时候，如果太严肃他们就接受不了。因此，我与缘缘从交朋友做起，让她感受到老师对她的信任，感受到老师是自己的良师益友，让她感受到老师给自己带来的快乐，让她在快乐中学习、生活，在学习、生活中感受到无穷的快乐！古人云："人非圣贤，孰能无过？"故应"宽以待人，容人之错"。通情达理地容忍、宽恕学生的错误，采用灵活委婉的方法去教育他，鼓励他，既保护了学生的自尊心，又促进了师生的情感交流，在转化特殊学生工作中就能达到事半功倍的效果。

三、因材施教，循循善诱

"一把钥匙开一把锁"。每一个特殊学生的实际情况是不同的，必然要求我们深入了解，弄清学生的行为、习惯、爱好及其成为特殊学生的原因，从而确定行之有效的对策，因材施教，正确引导。缘缘的情况比较特殊，主要是由于家庭的溺爱，因此，需要搭建师生心灵相通的桥梁，用关爱唤起她的自信心、进取心，使之改正缺点，然后引导并激励她努力学习，从而成为品学兼优的学生。

愿我们携起手来，乘赏识之风，捧起热爱之情，使每一位特殊学生都能沐浴在师长的关爱之中，共同把特殊学生转化成为会与人相处的优秀学生！

"美·德"之我见

于菲菲

【内容摘要】在美术教学中全方位地渗透德育，充分运用美术让学生耳濡目染地受到美的感染与熏陶，使学生感到美本身就是一种心灵的净化。美育与德育应是互相作用、互相联系的，德育要贯穿于整个美术教学中。

在教育改革的背景下，在"立德树人"教育根本任务的指引下，德育是教育全面发展的重中之重，对培养全面发展的高素质人才具有特别重要的意义。因此，学校美术课除了对学生进行必要的专业知识及技法的普及，还应当注重发展学生的精神生活，挖掘学生的个性特长，帮助他们认识世界，形成世界观，提高他们的道德水平。对学生进行必要的德育渗透，对激发学生的求知欲、启迪心智、美化内心世界，以及提高学生的审美素质都能起到潜移默化的作用。因此美术教育与德育二者是密不可分的。作为一名美术教师，如何利用美术学科的特点，通过不同形式发挥教育因素，因势利导，实现教书育人的目的，是摆在我们美术教师面前的重要课题。

一、以身作则，润物细无声

现在的小学生模仿能力很强，他们经常会以身边的人作为模仿的对象，这就要求教师要以身作则。在平时的工作中，学生往往是教师品行最严格的评论家，他们密切注视着教师的一举一动，并相互传播。"身正才能立范"，所以"师德"是古往今来教师为师之本。由表及里，做学生的表率，树立仿效榜样是至关重要的。作为一名美术老师，优雅文明的言谈举止，严谨的工作态度，精益求精的治学精神，能激起学生对老师的"信"以及对老师的"爱"。具备相当的艺术素养和才能，富有创新的能力和组织教学的能力，才会让自己成为学生心目中"高尚的人"。

二、多元教学策略，构建德育环境

（一）多种教学手段的运用

如今多媒体课件的设置，可以把音乐的感情色彩很好地融入美术的教学课堂。音乐是时间与视觉的艺术，在指导绘画创作时，有选择地播放一些音乐，用音乐的和谐美去感染学生，在其大脑中留下深刻的印象，可以使学生的绘画创作增强艺术效果。

如在课堂实施过程中，教师可以巧妙地运用游戏、道具、猜谜语、讲故事、表演等手段，或者直接运用富有感情的激励性或感染性语言把学生带入情景之中，从而激发学生的学习兴趣，这样在激发学生学习兴趣的同时，也巧妙地将学生的思想情感纳入其中，使品德教育融入课堂教学。

（二）情感的融入

美术教育具有动情性的特征。在教学中，应满足学生追求真善美的需要，应使课堂生活充满爱、尊重与信任，处处洋溢着诚实、宽容、谨慎、自律、助人、同情、合作、勇气的勃勃生机。课堂上，老师是朋友，是道德环境的创设者，同时亦是道德楷模，是道德导师，是施爱者，给予学生的应是关心、接纳和尊重。

（三）关注心理变化

在教学过程中注重学生心理的变化，创设对学生有挑战性的问题或问题情景，引发学生参与的欲望和行为，运用多元的评价方式，使他们在主动积极的参与中，生活得到充实，情感得到熏陶，品德得到发展。

三、创设情境，将价值观融入美术教学

一节优秀的美术课应创设有意义的教学情境，让美术课堂不仅传授美术知识技能，更成为培育和践行社会主义核心价值观的阵地。

（一）学习《勤劳的小蚂蚁》一课时，在讲解完蚂蚁的结构之后，带领学生了解蚂蚁的习性，总结出蚂蚁勤劳、团结的特点，在创作时加以引导：用蚂蚁搬运食物来体现其勤劳，同时强化动态的描绘；用蚂蚁集体行动来体现其团结，同时注重画面疏密的安排，并指出蚂蚁是一种纪律性很强的昆虫，教育学生要向小蚂蚁学习，做遵守纪律的好学生。

（二）学习《早餐》一课时，引导学生了解早餐的形状、色彩的搭配等知识点后，提出问题："今天早餐吃了什么？谁为你做的？早起做早餐辛不辛苦？"学生有了答案之后，出示实践任务：请用画笔为给自己做早餐的人画一幅早餐作为礼物，以感谢他（她）每天照顾自己付出的辛勤劳动。有了这样一个创作动机，学生的创作热情特别高，作品完成得特别好，同时也让学生学会用感恩之心来感谢亲人。

（三）学习《特色小吃》一课时，以南街美食艾窝窝、驴打滚儿、糖卷果、糖火烧等作为示例，在教育学生了解知识点、掌握技法的同时，展示学校周边南关十八个半截胡同的小吃文化，培养学生热爱美食、热爱南关，进而热爱学校的情感。

（四）学习《农民画里的节日》一课时，以中国传统节日和少数民族节日作为表现题材，让学生感受民风民俗的绚丽多彩，激发学生热爱传统文化的情感及民族自豪感。

在新课程改革的大背景下，教师是重要的课程资源。教师必须更新观念，转变角色，明确目标，优化课堂教学环节，与时俱进。教师需要根据教学内容，运用多元教学策略，创造各种不同的教育情境，使学生获得更加丰富的体验。同时，在课堂教学中加强品德教育，培育和践行社会主义核心价值观，使学生得到美的享受、美的熏陶，更重要的是使学生情操得到陶冶，人格得以完美。

总之，美术课的德育功能，是十分明显的。作为一种美术活动所具有的德育价值，几乎随着美术课的整个过程出现。美术课在作为德育手段方面，有着其他学科没有的优势。美术的特征是艺术形象，它不是通过理论的说教与灌输，而是通过具体的、有情趣的、生动的形象反映出来的，所以生动、形象、有趣味、潜移默化是在美术课中进行德育的特点。在美术课中加强德育，是每个美术教师的共识。我们应自觉地在美术课中进行思想品德、意志品质、个性心理的教育，注意对学生进行人生观和价值观的教育，帮助他们树立正确的艺术观念和审美观念。

在美术课教学中渗透德育，犹如春雨"润物细无声"，在学生纯洁无瑕的心田里，种下美好的种子，今后必能开出绚丽的花朵。这种潜移默化的德育渗透，是其他教育方法无法代替的。我们对学生实施美育的同时加强品德教育，开展丰富多彩的活动以及教学模式，开发学生的智力，陶冶学生的情操，发展学生的特长，提高学生的道德文化修养，使美育和德育融为一体，促进学生综合素质的提高，让学生更加健康地成长！

"研学任务单"让孩子爱上博物馆

于菲菲

2016 年 12 月，教育部等 11 个部门联合发布了《关于推进中小学生研学旅行的意见》，提出要发挥综合实践育人的重要作用，让学生在研学中感受中华优秀传统文化，坚定文化自信。在这样的大背景之下，2017 年 12 月，南关小学"走进博物馆"研学课程项目组成立，我作为项目组的成员，开始了首都博物馆研学任务单的设计、完善工作，经过到首都博物馆亲身体验、借鉴其他研学经验、构建研学任务单模板、反复修订、使用中访谈、再次修订的过程，最终得到了比较完善的成果。

一、研学任务单的内涵界定

要想编订好的研学任务单，必须要弄清什么是研学任务单。对于这个问题，目前并没有一个统一明确的概念。经过查阅资料，我找到一个相对比较准确的说法，即研学任务单是经过有效设计的，不拘于形式的，协助参观者更好地完成博物馆参观活动，获得相关知识，得到经验增长的教育资料。由此，提炼出两个关键点：一是研学任务单是一种教育资料；二是研学任务单是为了帮助或指导参观者而设计的，体现了以学生为主体的理念。

二、研学任务单的主要作用

博物馆资源丰富，便于开展多种多样的教育活动，来引导学生获取相关知识。各个学科都可以将博物馆的资源引入课程，实现课内课外资源的整合，实现课堂课程的拓展和延伸。研学任务单就是为协助教师指导学生而设计的博物馆引导参观、自我学习的教育资料，它改变了单向传播的教育模式，开启了物与人双向沟通的格局，是学生主动学习的载体，能够在一定程度上改变学生在博物馆的参观习惯。有效设计的研学任务单，还能够为学习者提供更多的展馆及展品信息，激发学习者的兴趣，促进思考，帮助学习者获得更好的参观体验及学习效果。

三、研学任务单的设计过程

在了解了研学任务单的内涵和作用之后，我从本学科的教学要求出发，设计制作了首都博物馆的研学任务单，我的设计过程如下：

（一）查阅大量资料，借鉴成功经验

1.前期的准备工作十分辛苦，却是非常必要的。我首先登录了首都博物馆的官网，通过精品典藏、古今北京等板块的浏览，了解经典藏品信息。其中，首博官网的互动社区和少儿网站，给了我很大的启发。那里有亲切生动的讲解、幽默风趣的漫画，好玩的小游戏等丰富多样的学习策略，以抓住孩子的兴趣点，达到事半功倍的学习效果。

2.购买并学习首都博物馆的相关历史文献，深入了解馆址变迁、建筑风格等内容，为研学任务单的编订奠定了基础。

3.参考研学任务单的成功案例，开阔了思路。

（二）现场实地考察，关注重点展品

我利用假期到首博实地考察，在考察时发现除了少数人跟随讲解员听讲，参观者大多数都是走马观花地看一遍，或者对展品拍照留念，没有更多的学习活动，这更加印证了研学任务单的必要性。通过与首博工作人员访谈，购买相关资料，我了解了首博的重点展馆和重要展品的知识，并决定将这些作为研学任务单的主要内容，以突出博物馆的特点，让学生学有所获。

（三）课内课外结合，拓展学科内容

学生在书本中学习的知识，鲜有机会学以致用，在设计研学任务单时，我本着将课本知识和博物馆文物之间建立联系的原则，设计了相关的题目，以便引导学生将美术课所学的内容应用到实践。

研学任务单中有一道设计应用的题目：请提取清代松石绿地粉彩番莲纹多穆壶的纹饰和色彩，为首都博物馆设计一款纪念水杯。学生提取到的纹饰和色彩各不相同，体现了学生的个性，设计出来的水杯花样精致典雅，既实用又美观。

（四）结合学生情况，满足实际需求

实践中，我遵循以下几个原则设计任务单，以便让学习任务符合小学生的身心发展规律，激发学生的研学兴趣：

一是互动性，加入更多的图像和联想内容，让学生与文物产生互动。

二是启发性，加入启发学生思考的问题，让学生进行辨析。

三是规则性，融入"参观礼仪"，引导学生文明有序参观，做有素质的公民。

（五）多元评价反馈，真正入脑入心

在任务单中，我还以表格、建议、手绘思维导图、图文日记等方式，让学

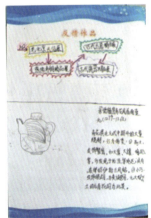

生把学习的收获展现出来，真正达到主动学习的目的。

（六）接受实践检验，学习效果显著

2018年4月，南关小学五、六年级组织了"首都博物馆之旅"，在实践活动中，这份尚未成熟的研学任务单接受了体验者的检验，从反馈中了解到，学生很喜欢研学任务单这种形式，学习效果是十分显著的。

四、研学任务单的应用反思

首先，要根据选定的教学对象，确定教学目标和内容。不同年龄段学生的认知水平和知识结构各有不同，要根据其特点，量身打造适宜的学习内容和方式。

其次，研学任务单在设计之初就应打破学科界限，综合全学科内容确定学习目标，收集包括与展览资料、课程相关的文献等。

再次，确定课程活动内容和方式，既要配合学习目标、展品位置和参观展线，规划设计课程活动流程，也要确定教育方式，如提问方式、情景设计模式、实践活动方式等，引导学生主动探究。

最后，研学任务单设计完成后，应进行试课，并咨询相关教师，获得反馈，修订相关内容。在课程实施后，及时总结教学效果，为后续设计提供指导。

五、设计研学任务单的基本原则

（一）坚持教育性原则

博物馆研学应深入挖掘文物资源所蕴含的文化内涵和时代价值，为学生提供符合身心特点、接受能力和实际需要的教育活动，充分发挥文物资源的社会教育和公共服务功能。

（二）坚持实践性原则

博物馆研学要因馆制宜，突出本馆主题，呈现文化特色，适时推出特色鲜明、主题统一的公共教育服务项目，引导学生拓宽视野、丰富知识、参与体验。

（三）坚持以人为本原则

切实发挥博物馆在传承和弘扬优秀传统文化、革命文化、社会主义先进文化方面的作用，坚持"以人为本"，文物惠民，把培育和践行社会主义核心价值观融入研学教育活动全过程，激发中小学生对党、对国家、对人民、对家乡的热爱之情。

（四）坚持安全性原则

博物馆研学要坚持安全第一，建立安全保障机制，明确安全保障责任，落实安全保障措施，确保文物安全、学生安全。

如今社会节奏越来越快，网络高速发展，快餐文化进入了疯狂的时代，并慢慢演变成为一种时尚，冲击着传统文化。这种情况下，走进博物馆，开展研学实践活动变得更有时代意义。一个博物馆也是一所学校，充分发挥博物馆的社会作用，将博物馆和时下研学旅行有效结合起来，系统梳理我国传统文化资源，通过博物馆里名人、先贤和忠烈等各种主题陈列展览，深挖文物背后的故事，能够更好地唤醒人的道德和情感认知，进而传承先人成就和光荣，增强民族自尊和自信，谨记历史的挫折和教训，少走弯路，更好地前进。

法国历史学家托克维尔说过"当过去不再照亮未来，人心将在黑暗中徘徊"。博物馆作为文化中枢，最大限度地承载并展示了人类的过去，而教育面向的是人类的未来，以博物馆为基地，全面铺开做好研学旅行教育实践，将研学与旅行结合起来，不仅能盘活收藏在禁宫里的文物、陈列在广阔大地上的遗产、书写在古籍里的文字，更能充实人心，积淀内涵，照亮未来之路。

　　以上是我在博物馆研学任务单设计过程中的收获和体会，今后我将进一步完善研学任务单，科学合理地发挥研学任务单的作用，更好地促进学生主动学习，让学生爱上博物馆。

魅力南街

——通州区南关小学美术实践活动方案

于菲菲

一、指导思想和理论依据

《北京市落实教育部的课程计划（修订）》强调学科内部的知识体系、能力架构、情谊发展，强调根植于课程标准，每个学科要求本质化的参与。要求打破原有的教学模式，以活动的形式组织课程，基于儿童已有经验，发展儿童的学习经验。结合南关小学百年老校历史与坐落地的文化特色，突出胡同文化与运河文化，突破僵化的传统知识传授模式，尊重儿童的可能获得和实际获得，采用各种生动有趣、启发性更强的学习引导方式。

二、背景分析

美术综合实践活动课程的开展，需要借助大量的社会资源。我校位于中仓南关大街南端，紧邻十八个半截胡同，在充分考察周边地区的地理环境、社会环境，学校的校园环境、师生的基本情况等因素后发现，我校拥有丰富的乡土资源——南关大街的胡同文化。得天独厚的地理条件，这是我们的优势。南关十八个半截胡同里浓厚的生活气息、古老的文化氛围，使学生真实地感受到南关身后的历史文化积淀，在掌握知识与技能的同时，激发学生对于南关胡同文化的兴趣，产生爱南关、爱学校的情感，体验到美术学科实践活动带来的获得感。

三、总体目标

（一）在原有学科知识体系的基础上，融入乡土资源，开展美术实践活动，培养学生"拥有一双能发现美的眼睛"，提高对美的欣赏与感悟能力。

（二）让学生在实践中通过各种美术媒材、创作形式，在探索实践的过程中，体验创作的乐趣，大胆表现，产生对美术的持久兴趣。

（三）通过本次实践活动，使学生形成一种情感的凝聚。从了解南关到热爱南关，迸发热爱学校、热爱学习的情感，以及激发从实际出发，实事求是、敢于实践、勇于创新的学习精神。

（四）以实践活动为载体，以核心素养为引领，探索新的教学模式。

四、活动过程

（一）问题导入

"南关小学"名称的由来。请同学们欣赏南关十八个半截胡同的景色，引出主题。

十八个半截胡同是回民的聚居区，位于通州旧城东南隅，南大街东侧，回民胡同与东顺城街之间。一条南北走向的中街将马家胡同、熊家胡同、紫竹庵胡同、蔡老胡同、白将军胡同、头条、南二条、南三条等八条胡同一分为二，加上仅及当地胡同一半长的半截胡同和北二条，形成"十八条半截"胡同，俗称"十八个半截胡同"。

设计意图：情境引入，带学生走进并了解十八个半截胡同。

（二）预习成果展示

请同学们展示预习的成果，讲一讲那些关于十八个半截胡同的传说。

关于十八个半截的由来有一个传说：这里原本是九条胡同，虽然不像北京城里那些胡同有什么大富大贵人家，居民却也生活无忧，回民相互帮衬，过着相对平静的生活。有一年，一个相士来到通州城里，转到回民生活的九条胡同，左相右看，似乎有了什么大发现，立刻奔赴北京城，向某大臣告密：通州城里回民区的九条胡同，像九条龙仰望朝廷，那里将出现大人物，恐于朝廷不利。某大臣不敢怠慢，立即向皇帝奏上一本，说明此事。皇帝最怕哪里出现反叛的迹象，当机立断命令大臣，将那恐于朝廷不利的九条胡同拦腰斩断，破了它的罡气。从此，这九条胡同就被拦腰斩成十八个半截了。

设计意图：增加学习趣味性，提高学生收集整理材料的能力。

（三）知识拓展

教师小结：十八个半截胡同的由来。

文物专家周良说，十八个半截的形成与穆斯林群众到清真寺礼拜密切相关，为了便于穆斯林群众往来于清真寺，在各条胡同形成初期，人们自觉在清真寺以南留了一条通往清真寺的大街——中街，这才有了"十八个半截"之说。

设计意图：尊重史实，明确名称由来，增强学生对胡同的准确认识，和对历史的了解。

（四）欣赏与发现

北京是具有悠久历史的名城。北京胡同和民居是北京的一大特征，每一条胡同都蕴含着丰富的京味文化。十八个半截胡同同样向我们展示着文化之美，让我们带着一双能发现美的眼睛，去寻找那些富有文化气息的胡同元素吧。胡同里都有哪些代表性的元素呢？学生列举。教师总结。

学生分成胡同街景、门墩、门铍三个小组，由教师带队走进胡同，寻找胡同里的元素，并用相机拍下来。

设计意图：通过相关的图像资料，对感兴趣的胡同做综合的探索；将美观的景物，如门墩、门钹等胡同元素捕捉下来。同时，在活动中通过与居民的交谈，进一步了解十八个半截胡同的由来，其中的名人典故、最美的景物等。

（五）创作实践

1. 水墨胡同街景

注意线条、墨色的变化，构图布局的安排，初步的透视关系，大胆果敢地下笔，发自内心地表现。

设计意图：运用水墨技法表现胡同街景，更能体现十八个半截胡同的古老和沧桑的历史感。

2. 线描门墩

注重线条的顿挫、疏密，门墩的形态结构，纹饰的刻画，胆大心细，乐于表现。

设计意图：运用线描技法描绘门墩，更能体现门墩的结构与纹饰的特点，画面富有装饰性。

3. 超轻黏土仿古门钹

注重神兽的神态的塑造：双目圆瞪，大嘴张开，毛发卷曲，严谨对称，突出威严神圣之感。涂丙烯颜料时尽量薄涂，层层叠加，形成古朴浑厚的沧桑历史感。

设计意图：超轻黏土便于操作，丙烯的运用形成仿金属的效果，作品新颖，有表现力。

（六）展示评价

分主题集中展示，学生自评互评，教师总结。

设计意图：培养学生的欣赏评述能力、语言表达能力，作品展示效果十分突出，增强学生自信心，激发学生学习美术的兴趣，使其愿意了解身边的胡同文化，形成长久的学习驱动力。

五、学习效果评价

（一）水墨胡同构图大小是否合适？透视关系是否合理？

（二）兽面铺首造型是否对称？颜料是否薄厚适中？是否能体现威严神圣的感觉？

（三）门墩线条是否富于变化？能不能体现古老沧桑的质感？

（四）小组的合作是否默契？分工是否合理？创作过程中是否兴趣盎然？

（五）你是否了解了门墩、门钹所体现的胡同文化？

（六）你是否有兴趣利用课余时间到南关胡同走一走看一看，去寻找更多古老的痕迹？

六、活动反思

马斯洛和罗杰斯提出了人本主义理论，认为教育中必须以人为本，以学生为主体，真正地实现人性化教育。但在现在的教育中，有一部分人以知识本位、学科本位代替人本的教育目标，从而导致了教育的失败。这次的美术学科实践活动的设计，则在根本上体现了学生为本的理念，让孩子主动、自主地通过体验接受美术教育，从而自主建构自己新的认识体系，不断进步！

苏霍姆林斯基说过："最好的教育就是自我的教育。"教育不仅仅是简单的说教，更是师生共同经历的生命历程。它是学生在主动的体验下，得出认识，同化、顺应旧认知体系，建构新认知体系的过程。而且，也只有在这样的"体验—认识—感悟"的教育过程中受到的教育，才具有最佳效果。新课程要求学生能够在学习中体验，并结合实践，通过与生活实践结合的教育，得到感悟，这样的教育就给了学生最深的体验，并在切身体验的认识过程中，实现自我教育。

教育是一种促进人成长的手段和方式，必须要根据人的生活方式、心理特征、个性发展来实施教育的手段。教育是一面明镜，它能照真，也能照假；教育是一页风景，它有亮丽，也有回味；教育是一回历程，有老师，更有孩子！让我们的孩子在教育中不断经历、不断成长！

家校携手　共促学生发展初探

周华

记得小时候曾经学过一篇课文，叫作《天鹅、梭子鱼和虾》。在故事中，梭子鱼、虾和天鹅要把一辆小车从大路上拖下来，三个家伙一起努力。天鹅使劲儿往上向天空直提，虾一步步向后倒拖，梭子鱼又朝着池塘拉去。无论它们怎样地拖呀，拉呀，提呀，小车还是在老地方。其原因就是它们没有冲着一个目标用力。

从事班主任工作后我常常会想起这个故事。孩子如同这辆小车，家长和老师如同故事中拉车的伙伴，学校工作成功与否，家长的合作起着关键的作用。于是我在工作中常常会通过多种方式争取家长理解并配合学校的工作。

一、借助交流　加强家校沟通

教育家苏霍姆林斯基说："儿童只有在这样的条件下才能实现和谐的全面的发展，就是两个'教育者'——学校和家庭，不仅要一致行动，要向孩子提出同样的要求，而且要志同道合，抱着一致的信念。"要想学校家庭一致行动，首先要让家长了解学校的工作。于是我经常借助微信群，向家长介绍学生一天学习的主要内容、点滴的进步和学校工作的重点，推荐适合孩子阅读的书目、电影、动画片以及一些育儿文章。家长了解了学校的工作后也经常通过微信和我交流自己的困惑与想法。除此之外，每天中午、下午放学，我都会和成绩有波动的孩子的家长聊一聊。于是老师和家长在沟通中成了为孩子成长共同出谋划策的朋友。

二、家校合作　构建多元评价

众所周知，评价有着一定的导向性和激励性，对于孩子的成长非常重要。俗话说"一百次一分的赞美远比一次一百分的赞扬的效果要好得多"。学生在多次连续刺激下，在学习、品德、行为等方面会受到很好的教育，将会有很好的提高。

2016年寒假将至，针对上二年级后班里孩子们对背诵古诗的热情，我给孩子们提出假期背诵《小学生必背古诗七十五首》的建议，比一比看谁能在假期背下其中的40首诗。孩子们一个个跃跃欲试。

为了解孩子们假期背诵的情况，我把孩子们分成四个小组，要求每天晚上7：30，一组同学在班级微信群里发背诵古诗的音频，而我则从字音、声音、背诵态度等方面给孩子们点评、点赞、献花。大约一周后，敏悦刚发完语音，一位家长就在群里发言："敏悦宝贝，背得真有诗的味道！"并献上了两朵花，另一位家长也跟着点了个赞。

家长的这个举动一下子启发了我，于是我借助群发助手邀请家长们在有时间的情况下，和孩子一起听听伙伴们背的诗，同时提出欢迎家长和孩子在群里参与评价。从此，家长们纷纷到群里给孩子们点评，有的给××献上几朵鲜花，有的为××同学点赞，还有的用一两句话进行点评："××，你背得真流利呀！"孩子们也纷纷发言："××，我要向你学习！""××，你背得真有语气！""××，你都背到30首了，咱俩比比，看谁能背完75首。"

老师、家长、小伙伴们的评价，让孩子们和家长的劲头更足了，有的孩子还学着老师在学校诵读时的样子，配上中国古典乐曲背诵。于是整个假期，班级群成了孩子们背诗的小舞台，即使没有轮到他们组，很多孩子也会天天在群里背诵古诗。于是我在群里说："××，你真棒，每天都在群里背诗，真有毅力！"后面马上有家长评价："小伙子，坚持就是胜利！孩子们加油啊！"短短的假期，很多孩子背下了75首古诗。

在开学第一周，我们在群里又举办了古诗诵读大赛。家长把孩子背诵古诗的小视频发到群里，家长和孩子一起当评委选出 15 名诵读小能手（其他同学均为二等奖）。由于家长们的重视，视频中孩子们穿上自己最漂亮的衣服，在音乐中有滋有味地背诵一首首诗篇，有的家长还在视频里配上与诗句相关的画面。班里孩子们背诵古诗的热情越来越高，如今还坚持在群里背诵着，而且不用我发出号召，总有一位位家长、同学在群里进行善意的点评。

整整一个假期连续 30 多天的古诗背诵评价活动，使我体会到：当家长、同学、老师以共同的目的——激发学生信心，促进学生发展为起点，对孩子们进行长期连续的多元评价时，将会对学生的发展起到事半功倍的作用。

开学后，我们在群里举办了"走进美文赏名家名篇""成语接龙"等活动，班里的书法比赛、作业评比、小干部评选也采用了以微信群为平台，家校合作多元评价的方式举行。家长对活动十分支持，孩子们越发自信了。

通过发动家长和孩子们参与微信群评价，一方面让家长了解孩子们的整体水平，促进孩子们相互学习；另一方面通过家长和孩子们的评价，让受到评价的孩子获得自信心，获得参与的动力，使家长也因孩子的一个个小小的成功品味到陪伴孩子成长的快乐。

三、建家长课堂　拓展学习资源

近些年，在开发家长资源，引家长进课堂等方面，欧美国家已经做出尝试。我们的家长来自各行各业，他们在生活、工作中分别有自己的强项，他们的经验技能往往可以成为孩子们学习的资源。

我在对家长了解的基础上，邀请家长志愿者走进课堂，给孩子们讲了一节节丰富而有趣的课。当医生的家长带来了医学知识，给孩子们讲传染病的预防、如何保护眼睛；当律师的家长给孩子们带来了法制讲座，使孩子们懂得从小守纪律遵守规则，长大更要遵守法律，懂得了如何防拐骗；军人出身的家长给孩子们训练队列，教孩子打军体拳；端午节，巧手的妈妈们教孩子编五色绳；从事儿童教育的家长给孩子和家长朋友们讲怎样绘制思维导图。建立家长课堂，邀请家长志愿者到校讲课，不但弥补了老师在某些专业的空白，拓展了给孩子们学习的资源，给他们打开了一个个认识社会的窗口，而且增加了与家长沟通的机会，增加了家长了解学校的教学情况和孩子们的学习情况的机会，创建了多赢的局面。

正如苏霍姆林斯基所说："没有家庭教育的学校教育和没有学校教育的家庭教育都不能完成培养人这样一个极其细微的任务。"教师必须通过多种方式，"在家庭与学校之间架起一座金色的桥梁，使学校教育与家庭教育有机地结合起来"，使家长和学校形成一股合力，实现家校合作，共同为我们的孩子找到对学习的信心，对自己的肯定，为他们健康快乐地成长助力。

拨动心弦　共谱心曲

周华

"在每个孩子心中都隐藏着最神秘的一角，都有一根独特的琴弦，拨动它就会发出特有的声音，只有对准孩子心弦发出的音调，才能和孩子产生共鸣。"苏霍姆林斯基的话耐人寻味。教师只有进入学生内心，与学生共同感受，共同欢乐，共同倾听，才能与学生进行心与心的交流。

那一次，从可爱的"小鸽子"身上我懂得了：老师要蹲下身，倾听他们内心的语言。"小鸽子"叫可儿，因为她有着一双小鸽子般黑亮的眼睛，入学时老师们一见就喜欢上了她，给她起了这个昵称"小鸽子"。没想到她真像只小鸽子一样"会飞"，上着课，她可能在老师写字时"飞"到讲台边，"飞"到教室后面……课间更是满校"飞"。到水房里、厕所外、花池边找她回来上课，曾是我每天必做的事。

通过家访，我了解到：可儿家长是做旅游的，她从小就经常和家长到各处去旅游，小小年纪走过了大半个中国。因此她幼儿园上得断断续续，跟不上老师讲的进度。幼儿园时经常是老师讲老师的，她自己玩自己的。家长觉得上学就好了，也没有放在心上。上学后，面对孩子在学校的表现，家长表示自己也无能为力。而我在采取多种办法都无效的情况下，忍不住想：这可能是个什么都不会放在心上的孩子，可能没有什么能打动她！

有一件事改变了我的看法。一天下午，上课铃响后我发现可儿座位又是空的，只好请任课老师先上课，自己去校园里可儿常去的那几个地方找她。最后我发现她正蹲在楼前的黄杨丛中。我没有像往常那样急着"捉"她回去，而是蹲下来问："可儿，干什么呢？"可儿看到我，有些难过地说："上次，我种的西瓜种子刚长出小苗苗，就让王爷爷打扫卫生时给踩了。今天我种了一颗腰果，我想在这儿等王爷爷，告诉他别踩这里。"我笑了：熟的腰果怎么能种。于是我和她商量："你今天吃西瓜再留一颗种子，明天种到老师的花盆里好吗？"可儿笑着答应了，高兴地牵着我的手回到教室。

于是一粒种子种在了花盆里，也种在我的心里。我开始用心去读可儿的一举一动。课间"飞"到操场，她是去树下给小蚂蚁送饼干渣渣；在水房里"飞来飞去"，是给某棵新长出来的小苗苗浇水；"飞"到大队室门口是因为捡到一颗宝石（可能是女孩发卡上掉的装饰）要交给马主任。渐渐地，孩子纯净的充满爱的心灵展现在我眼前，我看到了一个不一样的可儿，我从中懂得了于永正老师说的"我们要蹲下来看孩子"这句话的含义。

蹲下来，我与可儿给西瓜种子浇水，共同盼望小种子快快发芽。我对她说："可儿，你能帮小种子长得更快。""怎么帮？"孩子很是好奇。"如果老师讲课时，你能看着老师，同学写字你也写，小种子就会从你那里得到生长力。你每天进步一点点，小种子就会长快一点点。"可儿听了认真地点点头，因为她是那么爱那颗小种子。

慢慢地，可儿上课能看着老师了；慢慢地，可儿在座位上坐住的时间变长了……就这样可儿一点点地发生着变化。

有一次上课时，我看到可儿读着"小牛不但站起来了，还在练习走路呢"时，那发自内心的为小牛而喜悦的光芒，让那双黑黑的眼睛变得那么亮，我看着她笑了，她也看着我轻轻地笑。目光交会之际，我感觉到我们的心在交流：我为可儿的进步而喜悦，可儿也因我的喜悦而喜悦。苏霍姆林斯基说过："教育是人和人心灵上最微妙的相互接触。"这诗一般的语言描述了师生间最美妙的心灵的交流，也正是此时此刻我内心最真实的感受。

可儿虽然与同学相比还是有着差距，但是我已经不再急躁不再无奈，因为我知道可儿拥有一颗独特的充满爱的敏感的心，我的"小鸽子"一定会飞翔在属于她的那片天空中。

魏书生曾说："走入孩子的内心世界中去，就会发现那是一个广阔而又迷人的新天地，许多百思不得其解的教育难题都会在那里找到答案。"而实现这走入孩子内心的基础就是：教师要蹲下身，以孩子的视角看待问题，读懂他们一言一行背后隐藏的语言，倾听来自孩子心中的语言。蹲下身，我走进了可儿的内心，享受到了与孩子"心灵上最微妙的接触"，她让我懂得了：只有蹲下身用心倾听孩子心中的语言，才能了解孩子的真实想法，才能实现师生之心灵与心灵的沟通，才能和孩子们共同演奏一曲曲心灵的共鸣曲。

沟通有温度，精诚灌注待花开

赵学鹍

一段文字、一段语音，网络的便捷，让教师与家长可以随时随地地沟通孩子们在学校的表现情况。我也大都采用这种沟通方式，并不觉得有什么不妥，大抵是习惯了，抑或是周围的同事们也都是这样操作的。直到有一天，小 A 的妈妈突然拜访……

小 A 的妈妈来找我了解孩子在课堂上的学习情况。

初进门时，望着小 A 妈妈满脸的焦虑与不安，我的心里酸酸的。

打开话匣子，静心听着小 A 妈妈的诉说，我能清晰感受到小 A 妈妈的心在痛。小 A 妈妈告诉我，作为一名全职妈妈，很多东西她都能够接受，唯一不能接受的是在她全力以赴把时间都花在孩子身上时，孩子的成绩依旧不理想。她责怪是自己之前的包办代替太多了，导致今天的小 A 不爱思考，碰到难事就当个小逃兵，当不得不面对时，就眼巴巴等着别人告诉她现成的答案。看着小 A 妈妈眼眶中含着的泪水，不停地颤抖着的两只手，听着她近乎崩溃而哽咽的声音，我多么想帮帮她啊！

小 A 是全班最小的孩子，尽管在我看来她是有进步的，但是和其他同学比起来，她的进步似乎有些迟缓。当别的同学心智年龄早已与他们的年级相匹配的时候，小 A 似乎还停留在去年此时其他同学的水平。看着小 A 瘦弱的身体，我常常不忍心说她。可能她很多时候跟不上我们的节奏，专注力又差了那么一点，但我却能感受到她在课堂中仍有自己的小快乐，她的明眸清透……

我一时想不到什么好措辞去平复小 A 妈妈的心情，只得轻轻拍拍她的肩膀并安慰她说："我们一起努力，在学校我一定盯紧她，您也不要放弃，会好的！"透过我坚定的目光，小 A 妈妈似乎感受到了我的诚意，不停地点头感谢我，并与我约定有时间一定多找我面对面地沟通。

自此，每每有时间，小 A 妈妈都会抽空来学校和我聊上几句，我也尝试给小 A 妈妈各种支招。学校里我也对小 A 关照有加，及时根据小 A 妈妈反馈的情况调整对小 A 的教育教学方式。一段时间后，我惊喜地发现，小 A 妈妈不再那么急躁，笑容也多了；小 A 在学校的学习状态也渐入佳境。

在成长的路上，作为家长和老师的我们急不得，要凝心聚力，精心浇灌，只待他日花开，也许那一天会晚些、迟些……愿小 A 有一个本色的童年，有趣有味……

这种久违的面对面的沟通方式，让我与家长们的心走得更近。总有些感觉是网络沟通方式所不能传达的。比如：一个动作、一个眼神，可以传递温暖，可以带给人希望与信心。而这些足以照亮我们，延伸到我们未来的工作中。当我们的沟通心贴心，有力、有效的家校合作才能实现。唯有我们共同有诚意地教育我们的孩子，我们的孩子才能有更好的发展。我们的教育需要温度，我们的沟通更需要温度！在我们有了更便捷的方式进行沟通时，也不要忽略我们曾经有过的并让我们能更真切地感受到彼此的沟通方式，它总会给我们带来意想不到的惊喜与收获！

借 QQ 群帮小学低年级学生解决小事故

赵学鹍

在学校的大部分时间里，与学生们朝夕相处、陪伴最多的要算他们的同学。他们在一起共同生活，共同学习，共同成长，共同进步，偶尔也会因为嬉笑玩耍出一些小事故。特别是小学低年级的学生，时常会碰到这种情况。这常常令班主任和任课老师感到棘手，因为学生们年纪小，很难把事故的起因、经过和结果说清楚，往往会出现家长与学校、家长与家长间的误会。

通过我的了解发现，其实小学低年级学生可能出现的小事故，其缘由绝大多数都是因为学生觉得好玩，不能够很好地控制自己的行为。家长与学校沟通比较少，还不能够完全理解学校的工作，常常会要求学生找教师解决小事故，再或者直接告诉学生不要再和这样的"坏同学"玩耍。这种解决问题的方式，学生是不能够信服的，因为只是一味压制学生要按照某种方式行事，学生过早被标注上"好"与"坏"的标签，对于今后学生与同学们相处都是无益的。基于学生自身的年龄特点，解决问题的更佳方式是家长和教师共同配合，用爱心、耐心帮助学生平稳度过迷茫期，逐步建立正确的价值判断意识。

从 2014 年 9 月，我在接手的二年级班级中，建立了一个 QQ 群用于交流。在这个 QQ 群中有班级中的学生家长、班级中的学生，还有作为教师的我。与其他教师所建的平台不同，我们这个平台不是用来告知家长各种通知、布置各种作业、反馈学生成绩的，而是搭建一个家长与学校以及与其他家长交流的桥梁，帮助学生解决各种小事故，并及时给予正确引导。很多时候在学校不方便交流解决的小事故，在这个平台都能够得到有效的解决。

一次，学生小 A 的家长在 QQ 群中私信我，告诉我小 A 的同桌小 B 在上课的时候偷偷摸小 A 的腿，老师因为学生太多没能注意到，家长不好意思直接找我当面说明这个情况，希望老师能够帮他们调个座位，避免此现象再出现。通过平日观察，我发现小 A 和小 B 还是比较要好的朋友，学生这么小，小 B 应该不是有意这样做的。回到学校后我找到小 B 了解情况，当我问到小 B 为什么会在课堂上偷偷摸小 A 的腿时，小 B 天真地告诉我："老师，我逗他玩来的。"小 B 的回答印证了我的猜测，在我们成人眼中羞愧的事情，对于小 B 这样的小学低年级学生来讲，还不能够懂得这样做不礼貌，只是把这定义为学生间的玩耍。我没有批评小 B，只是告诉他：这样做，第一，不礼貌，不能随便摸别人；第二，这不是课上应该做的。紧接着我问小 B："听了老师的话，你觉得你做得对吗？"小 B 惭愧地摇摇头，并告诉我以后一定不会这样做了。我坚定地向他点点头："老师相信你，你是个懂礼貌、守纪律的孩子，现在你该怎么做？"小 B 腼腆地向我笑了笑："老师，我应该和小 A 道个歉，他是我的好朋友，我应该懂礼貌！"和小 B 谈完心，我便分别私信了小 A 和小 B 的家长，将事情的经过及我最终的处理方式告诉了双方的家长。小 A 的家长不好意思地告诉我，自己没有想过那么多，只是认为学生也该懂得这是不礼貌、羞愧的事情，自己不让孩子和同学玩耍，伤害了他们间的感情，对于老师的处理方式表示认可和满意。小 B 的家长一个劲儿道歉并告诉我，自己没有注意这方面的教育，给老师和其他家长添了麻烦，感谢老师没有批评自己的孩子，还给自己的孩子讲明了道理。最令我惊喜的是，我看到了小 B 的家长在群中艾特小 A 的家长并致以歉意，其他家长也纷纷表示以后要多多关注孩子这方面的教育。

　　一天小 C 的家长在 QQ 群中私信我，说孩子回家就哭了，可是不说是什么原因，希望老师可以帮着问问。我找到了小 C。小 C 很紧张，胆怯地告诉我，她的笔被别人换了，虽然是一样的，但却不是自己的那根，又不敢和爸爸妈妈说，怕爸爸妈妈责怪自己没有看好东西。小 C 是班中的乖乖女，父母对她无论是学习还是其他方面都寄予厚望，要求很严格，一直以来她都是个听话的学生。了解了情况，我便去班中询问，一问不要紧，才知道不仅仅是小 C 一个人的笔被偷偷换掉了，班中还有其他同学出现了这种情况。到底是班中的哪个调皮鬼，给同学们开了这么大一个玩笑？小 D 偷偷告诉我是小 F 和小 G 干的。我立马找来两个调皮鬼。两个调皮鬼心惊胆战、小心翼翼地走到我面前，头一直低着，不敢注视我的目光。一看这种情况我扑哧乐了："是不是有什么话想对老师讲？"还没等我话说完，小 F 和小 G 的眼泪哗哗地流了下来："老师，我错了，我不该换同学的笔。当时就是想跟大家开个玩笑……""老师我也错了……""该怎么做？"我反问道。"我们去把笔换回来。"小 F 抢答道。"还有吗？""还有……还有……跟同学道个歉。"小 G 接过话。我严肃地告诉他们："老师知道你们已经认识到错误，并且坦诚地告诉老师。老师原谅你们了，但是希望这是最后一次！"一节课后，陆续有同学跑来告诉我自己的笔找回来了，并且小 F 和小 G 都向他们道了歉。上课时我见到小 C 向我吐了吐舌头，摇了摇手中的笔，脸上露着甜美的笑容，我也松了一口气。回到办公室，我在群中联系了小 C 的家长，并讲述了事情的缘由。小 C 的家长一下子就意识到自己在教育孩子时忽视了孩子情感的需要，给了孩子太大压力。孩子有话不敢说，内心充满了恐惧，做事小心谨慎，怕出半点差错，禁不起半点挫折。因此，小 C 的家长保证今后一定要改变教育方法，多关注孩子内心世界的成长。最后，还特意叮嘱我，孩子调皮能够理解，此事他们不再追究。紧接着我联系了小 F 和小 G 的家长，他们也纷纷表示歉意，并及时在班级的群里向家长们道了歉，获得了家长们的谅解。很多家长留言，说回去一定要教育孩子，随便动别人东西是不对的，也不能因为有意思就和同学开玩笑。看到家长们的话，我感到很欣慰，因为我发现家长们越来越重视学生是非对错的培养，不放过一点小事故的教育契机。

临近期末，我无意间看到小 H 和小 I 家长的对话。大概意思是小 I 无心装走了小 H 的数学卷子，小 I 的妈妈发现了，立刻在群里联系小 H 的妈妈，说明卷子在自己孩子这里，怕小 H 和妈妈着急，说要给他们送回去。最后还有两句稚嫩的语音对话："抱歉，我不小心装走了你的卷子。""没关系。"看到这里我的心暖暖的，立刻回复道："谢谢家长们对我工作的支持，请小 I 明天把作业带给小 H，小 H 可以晚一天交作业。"两位家长赶忙回复道："谢谢老师体谅。"简短的对话，让家长与教师的心走近了，两位小同学的心也走近了。家长与教师懂得彼此体谅，学生们也学着体谅他人。

这样类似的小插曲，常常会出现在班级中，很多时候教师照顾不到所有的学生，家长也不好意思因为这样的事来学校面对面和教师交流。而借助 QQ 群的平台，不仅解决了个别学生的小事故，还提醒教师要在细节处关注学生，同时更引起其他家长对自己孩子类似方面教育的重视。

　　家校合作，巧借平台，帮助学生从小树立起正确的道德、是非、情感意识，是育人的根本，无论对于哪一方面都不容忽视。

把评价权还给学生

赵学鸥

【题记】《小学数学课程标准教学建议》（以下简称《课程标准》）的评价建议部分指出"体现评价主体的多元化"。评价主体的多元化是指教师、同学及学生本人等都可以作为评价者，可以综合运用教师评价、学生自我评价、学生相互评价等方式，对学生的学习情况和教师的教学情况进行全面的考察。

一、我的困惑

在探究式学习过程中我常常会采用学生展示交流的形式。在展示交流的过程中，往往会遇到这样的情况：待展示的学生准备好，我评价组织好其余学生准备倾听，但当话语权移交给展示的学生后，下面倾听的学生很少能够积极地参与课堂活动，大多数表现出游离于课堂之外；待展示的学生充分表达完想法后，我急于评价反馈，倾听的学生缺少自己的思考，人云亦云，展示的学生缺少自我审视再认识的环节，真正有意义的学习没有实现。

二、我的思考

在学习《课程标准》后我意识到，我在实施中仅做到教师作为评价者，仅运用教师评价的方式，对学生的学习情况和我的教学情况进行考查，方式单一，考查片面，忽视了评价主体除了教师还可以是同学、学生本人，评价方式的选择除了教师评价还可以是学生自我评价、学生相互评价。所以，话语权移交时，倾听的学生没有意识到教师角色的变化。交流反馈时，展示的学生和倾听的学生之间缺少互相评价反馈的机会，思想的交流碰撞没有发生，深度学习没有出现。

三、尝试改变

基于此，在课堂中组织学生展示交流时，我首先尝试改变组织教学的评价主体和方式。由我组织评价变为由展示的学生组织评价，如：首先，待展示的学生准备好后，可以通过展示的学生表扬下面已经坐好的学生、提示未坐好学生的方式进行。在实践中，倾听的学生能够一下子意识到角色的变化，接下来要认真倾听小老师的想法，学生们由最初的感觉新鲜到现在的习惯养成，表现出更愿意投入到学习中来。其次，改变交流互动活动中评价的主体和方式。展示的学生表达完想法后，下面倾听的学生作为评价主体可以自行举手提问、可以质疑、可以补充。展示的学生自行决定，可以选择自己解答问题也可以向下面的同学或者老师寻求帮助。在实践中，展示的学生表达想法更加充分，思路愈加清晰，倾听的同学听了能有自己的思考，会提问、质疑。让我更为欣喜的是展示的学生和倾听的学生都能反思自己的不足以及需要改进的地方，汲取他人值得借鉴的经验。

四、我的感悟

同学及学生本人作为评价者，评价权真正还给学生时，学生的主体地位才得以凸显。通过学生自我评价、学生相互评价等方式，审视，交流，再审视，真正有深度、有意义的学习才能实现。

孩子需要什么
——记一次家访经历

赵学鸥

在每个孩子心中都隐藏着最神秘的一角，都有一根独特的琴弦，拨动它就会发出特有的声音，只有对准孩子心弦发出的音调，才能和孩子产生共鸣。因此要想给予孩子最好的教育，就要走进他的心，倾听他心中最渴望的声响。

——苏霍姆林斯基

一、初识 YY

班中有这样一个女孩 YY，个子不高，皮肤黝黑，明眸大眼。她坐在离讲台最近的第一桌，说起话来有种很冲的劲头，颇有小男孩的气场。每当我注视她时，她总是文文静静的，不大爱讲话，课下也不怎么和同学玩。让我很快记住她是因为她的一手好字还有画出的一幅幅美术作品，很有艺术气息。小女孩功课还是不错的，一直也不用我担心，只是和最好的相比总是差那么一点。就因为这样一点点，她常常会被我严厉地警告、提示，每每这时，她就会向我吐吐舌头，然后在下课后迅速消失在我的视线中。我意识到她有些畏惧我。学生时代的我曾经在四川生活过几年，而这个小女孩和川妹子的感觉很像，所以我猜她的父母应该是四川人。直到一次家长会我见到一个年过半百头发花白的叔叔级人物坐在她的座位上，我深深意识到我错了。从班主任那里我得知她的父母都是本地人，并且年龄和我的父母相仿。每天中午她都在学校里吃小饭桌，出于好奇，偶尔赶上，我也会私下问问她家里的情况，她却答得很少，不像其他孩子那样讲起来滔滔不绝，只是简单地说句"我爸妈在家，嗯！"就闪开了。

二、偶然的机会让我走近 YY

一次偶然的机会，让我走进了她的生活。碰巧那天我去复印一些资料，地点就在一个小区中。小区约莫是 20 世纪 80 年代建成的，附近是一条街道。我沿街走着，隐约听到洪亮而又熟悉的声音，很是欢快。望了望，哦，原来是我们班里的 YY，她正在大院中玩耍。走近了，我叫了她的名字。顿时，她愣住了，停止了嬉戏，表情很是不自然，低声向我问好。这是我第一次看见这么有活力的她，地点是"学校"外。与此同时，一个高大的身影向我走近，是她的爸爸，他热情向我问好，并邀请我去家里坐坐。想想自己手头事情不多，而这又是了解她家情况的一个好机会，我便愉快地上楼了。

一个普通的三口之家，家里房子面积不大，但也足够三口生活之用。家中很整洁，阳台上养着大大小小各种绿色植物。YY 的妈妈倒了水给我，我们便开始闲聊起来，孩子在远远的一边望着我们。我见到，把她拉过来，估计是感觉我要暴风骤雨一番，她表情里透露出几分紧张。我对她笑了笑，向她父母称赞道："老师还是第一次见到这么有活力的 YY，要是在学校里，平时上课发言也有这样的冲劲就更棒了！YY 在学校里面表现很不错，老师很是喜欢 YY，字写得好，画也画得好，要是动作再麻利点，再仔细点，谁也比不了，对不对？"孩子的嘴角扬了扬，有点小小的自豪感，不自觉向我靠近了，此时她的父母也露出欣慰的神情。然后我示意 YY 去一边玩耍，她一下就明白了我的意思，礼貌地告诉我她要回自己的屋子。接下来的时间里，多半是我在听她的爸爸妈妈讲述，他们很是健谈。从他们那里我得知 YY 的父亲是转业军人，现在已经退休，她的妈妈是随军亲属，后来和她爸爸到了同家单位工作，也已经退休。或许他们看出了我的疑惑，为什么年龄这样大的他们却有个年纪不大的女儿，便告诉我 YY 是他们抱来的孩子，他们自己的儿子二十多岁时死于车祸。对于 YY 这个孩子，家里很是宠爱，尤其是爸爸，更是对 YY 疼爱有加。YY 和别人不一样的地方在于她有像爷爷、奶奶一样年龄的爸爸、妈妈，或许她也意识到了和别人的不同，所以不那么愿意多讲她的家人。我也似乎明白了些什么，心中不能平静，暗暗告诉自己，要爱她多一些。再后面我们聊了聊孩子平时的学习生活情况，总体讲，无论在家还是在学校，孩子表现都还是不错的，也算懂事。

三、欣喜地看到了 YY 的改变

这次偶然的家访经历后，我发现 YY 和我的距离变近了，在学校里，话也多了，碰到我问她问题，也不会搪塞我两句就躲开，偶尔还会和我开两句小玩笑，课下也会和同学们一起开心玩耍，学习上劲头更足了。看到她进步，我便会在大家面前严肃而又郑重地表扬她一番。时不时地，我也会将一些任务交给她，请她协助我完成。她越发自信开朗起来，我再次听到了她洪亮欢快的笑声，这次地点是"学校"里。

四、是什么改变了 YY

我常常想，究竟是怎么样的一种力量让 YY 慢慢改变的？我并没有多做什么，仅仅是因为一次家访让我走进了她的生活，让我了解更多有关 YY 的事情。而几句在父母面前鼓励的话语，让 YY 更加自信，让她感受到原来在老师眼中她是那么棒，老师是爱她的。

爱，点燃了希望，它是通往成功教育的桥梁。要恰当教育孩子，就要让孩子感受到老师的信任与期待，而这一次感受，甚至可以改变一个孩子。

崇师德，不忘初心

赵学鸥

有人说："师德是一种力量，让身为教师的我们砥砺前行。"

蓦然回首，我已任教六年了。这份神圣的职业让"学习"和"教学"成了我的终身伴侣。

犹记初为人师时，由于对环境的不熟悉，缺乏教育教学理论知识与实际的工作经验，我如履薄冰，工作起来十分棘手。不会"教育"学生何以谈"教学"呢？在一段时间的萎靡中，我曾想到了退缩。爸爸告诉我："你一定要把工作做好，是你打败了它，不是你被它打败了。"是啊，没有搏过一把，怎能轻言放弃！当思想前卫的80后碰上难以搞定的00后、10后，常常碰撞出激烈的火花。那时，每天很"忙"，忙着追学生；很"盲"，盲目做事，毫无方向感可言。常常和同事打趣："哪里是教师，明明是全职保姆啊！""学生难管，家长的工作难做，唉……我的心头病……"

"没有教不好的学生，只有不会教的老师。"初看到这句话时，我的内心甚是愤懑，甚至想把这句话倒过来讲：怎么可能没有教不好的学生呢？这种敌对的情绪持续了一段时间，不停做家长工作终究于事无补，这个时候我才想起要停下来，静心思考："是我做错了？"

记不清何时起开始关注优秀教师的教育教学案例，一段时间后方幡然悔悟：原来是自己"只求外因，未求内因"。一味将问题抛给学生和家长，却忽视了给自己洗洗脸、照照镜。一名合格的教师不仅仅要具备教书育人的基本知识，还要有强大的人格魅力。有拿得出手的东西，学生才信服你。为师者定要开阔自己的思路，换个角度看学生，不能简单地认为师生关系就是要求与服从，学生就要逆来顺受。

常常想，自己怎样才能取得令人惊异的成绩？我开始向优秀的前辈们学习，学习他们的教育教学经验，融入自己的工作，同时改变自己的课堂，吸引学生，让学生成为课堂的主人。平时多阅读，增加文化底蕴，努力使自己博学多才，让学生敬仰。教育教学，如同塑造一件艺术品，经精心雕琢，终能使其释放异样的光彩。这种光彩足以照亮我们，延伸到未来。

我的工作慢慢步入正轨，一个个小小的音符记录了我的成长，有低落，更有高潮，奏响着我的一段段旋律，每个旋律过后，都能看到期许的目光，听到激励我继续续写的掌声。

我的一个学生在他一年级时给我写过一封信，现在他已经是一名三年级的学生了。三年了，这封信一直被我珍藏。累了、无助了的时候，我常常会拿出这封信，读上一遍又一遍。信上的每一个字眼对我来说是那么清晰。他表示："赵老师，我很喜欢您的数学课。您辛苦了，我长大后一定会谢谢您的！"这封由许许多多拼音字符组成的信，弥足珍贵，因为它让我真切地感受到学生对我的爱。这份爱化作了我无穷的动力与坚守的理由，让我体会到所有背后的努力与汗水都是值得的！

孩子是小家庭中的一部分，更是社会大家庭的成员，职业让我把更多的时间留给了我的学生们。强烈的责任感告诉我，我要对得起自己的学生。无数次，当我加班加点时，我家先生不理解地对我的小儿子说："妈妈每年只有三个月是你一人的妈妈，其他的九个月你都需要和其他八十个小朋友共用一个妈妈……"每每这时，我只能选择沉默，因为我的内心一直有个声音："宝宝啊，那八十个小朋友很需要妈妈……希望你理解。"

"学习"与"教学"中，我行走着，快乐着。因为我知道，我所能做的就是给我们的新城培养出更多合格的公民，他们不仅仅可以改变家庭的命运，同时也能够改变我们城市的面貌。神圣的使命让我明白这就是我的梦想、我的心。

心有多大，梦想就有多远。路在脚下延伸，不管漫长的道路上荆棘丛生还是布满沼泽，我都将一如既往，永不退缩。

那幅美丽的画面在我脑中浮现：握一支粉笔，站三尺讲台，我骄傲我是一名教师。

魔法巧，学生们乖巧又可人

赵学鹏

在我的班级中，总有许许多多像小蜜蜂一样的学生们围着我团团转。他们对我说的最多的一句话是："老师，我今天的表现有进步吗？那我能帮您……"而且我发现这样的学生越来越多！一颗颗向上的种子渐渐生根发芽，蔓延至班级的每个角落。

人小，心很大！每一天，他们都在认真努力学习，帮助老师、同学和班级做力所能及的事情……

是什么样的魔法让学生们如此乖巧可人？

是把更多的权利还给学生们，让他们成为自我管理的主人。

一、缘起

做法：身为低年级老师的我们，总是习惯给予学生们无微不至的呵护，为学生包办许多事情。

原因：基于学生年龄小，对学生已有能力持怀疑态度，不敢放手。

问题：学生把学习当作负担，当作别人的事；不主动，各方面事情总需要老师提醒。

二、改变

有发现：一次，因为有事情我需要暂时离开班级一会儿，我便选了三名平时表现认真努力的学生分别协助我管理班级的纪律，给一名掌握知识有困难的学生讲解错题和擦黑板。待我忐忑地回来时我发现班级很安静，掌握知识有困难的学生认真听着小老师不厌其烦的讲解，黑板的边边角角都被擦得很干净。课后有几个学生跑来问我："为什么您选他们帮您管理班级的纪律，给同学讲题和擦黑板，不选我？"我告诉他们："因为他们一贯表现认真努力！"紧接着他们回应道："如果我们能和他们表现一样好，老师能不能选我们？"见我肯定地点头，他们便欣喜地跑开了。

有思考：学生虽然年龄小，但从完成老师交给任务的情况看，他们有能力胜任。大多数学生都有一颗向上的心，有一定自主管理的能力，并且渴望老师给予他们一些权利，让他们为老师、为同学、为班级做一些力所能及的事情。如果能恰到好处地释权给学生们，一方面能让学生的能力得以施展，有所提升；另一方面，能减轻教师的管理负担，何乐而不为呢？反观之前包办的做法，完全是作为老师的我主观臆断，是对学生们的不信任。老师单方面竭力试图顾及学生们各方面的表现，时刻紧盯，看似尽职尽责，但久而久之却使学生产生了惰性心理，每一件事都等着老师告诉该怎么做，缺少了自我约束的意识，表现出来更多的是自由散漫。老师管得累，学生们的表现也很难令人满意。

有要求：向学生明确措施，"如果你能按老师要求做，认真努力学习，老师会奖励你一项任务，这项任务可能是帮老师做一件事，可能是帮同学做一件事，还可能是帮助班级做一件事"。

有效果：措施实施后，课堂中，学生们更多表现出认真努力。大多数时间，教学任务都能够提前完成，剩下的时间留给学生们自己支配练习。此时的管理权交给能按照老师要求做的学生们，或负责班中的纪律，或负责给掌握知识有困难的学生讲解，或打扫教室。渐渐地，班中学生们玩闹的现象少了，班中安静了；学生们学习的劲头足了，平时那些学习略有困难的学生们也悄然发生改变；班中的环境也变得清爽许多。作为老师的我，也倍感轻松，有更多的时间准备课，学生们也越发喜欢我的课。

三、感悟

把更多的权利还给学生们，让他们成为自我管理的主人，是有前提、有条件的。只有那些能够在各方面达到老师要求的学生们才能够行使这样的权利，有章有法可循，班中秩序才能得以保障，老师与学生能够在互促互进中实现双赢。

巧用魔法，学生们变得乖巧又可人！

有种成长叫"慢成长"

赵学鹃

"恨晨光之熹微",像纤夫一样拉着你走,让我感到急躁、焦虑、疲惫不堪。孩子啊,孩子,为何你总离我定的标准那么远?

课堂中你的状态,时好时坏。有时认真、专注、质疑的态度让人爱,有时偷偷跑去开小差看各类课外书让人急,更有时调皮捣蛋扰乱纪律让人气。与其他孩子不同的是,不在状态的时候的你远远超出我所能接受的范围。

一次,我站在你的身后,你趁我不备,偷偷把铅笔插到我的后裤兜中,引得全班哄笑。事后被同学告发,我请来你的家长共同协商解决的办法,无果。自此以后你的特别之处让我越发感到"特别"。我尝试过对你十二分关照,因势而利导;尝试过对你零容忍,有错不姑息;尝试过对你冷处理,无影响不理会,各种招数用过一轮后略感没起作用。唉,只叫老师一声叹息……

多么想拉你一把,不放弃!所有的条条框框你都懂,但却没有一条触动你的心。常常扪心自问,到底问题出在了哪里?一年级、二年级的你常常像幼儿园小朋友一样因为捉到一只虫兴奋不已,常常跑来告诉老师你很喜欢老师是因为老师很温柔……看到你就像看到自家的那个小小宝贝。

直到有一天,看到自己家的那个小小宝贝都两岁了,依旧不会说话,不能像其他同龄小朋友那样做好多事情,我才渐渐理解了你。作为老师的我把所有学生的起跑线和终点线划分得太一致了,却没有顾及你的差异。我没有把你近几年的发展放到一生发展的大背景下去规划,对你的教育缺少了长远的眼光。

回过头来再去看和你共同成长的两年,一年级时,你坐不住十几分钟,一节课要老师提醒无数次,作业盯着才能完成;二年级了,你可以坐上一节课四十分钟，保证不随便下座位，多次的提醒也是告诉你少走神，要勤动笔。才发现，你有进步，有成长，尽管在和其他同学比时，你做得还有差距。你发展得慢些，显露得晚些，同时期，虽然你没有达到和别人同样的标准，但也不一定是差的。

　　一直，我都坚持教给每一个孩子一生最有用的东西。但渐渐我发现我在用"让所有孩子都做科学家"的方法来培养你，这显然是有误的。因为我知道总有一天别人能做到的，你也能做到，只是那天会晚些……

　　任何一件事都必须依靠自身的生命机制才能得以发生，任何力量都无法真正替代，而我主要做的是激发和引导，然后带着恬静、欢欣和平常心，去见证你的"泉涓涓而始流"。是你让老师懂得了有种成长原来叫"慢成长"！不是不成长，只是有点慢……

一次适时的家访

张葛琴

　　任何一个班集体一般都会有"后进生"。后进生之所以后进，固然有其自身的原因，但家庭、学校以及社会对儿童施加影响的不良方式、不当因素也不可忽视。因此，转化后进生就必须仰赖于家庭、学校、社会几方面的配合。从班级管理角度讲，作为一名班主任，家访正是联系家庭，依靠家长，与家长、学生沟通不可缺少的一种重要方式。我做了将近二十年的班主任，平时特别注意抓住教育契机进行家访对后进生进行转变。

　　记得我曾教过一个学生，叫李明，他是脑子不笨的那种后进生，但他脾气大，在班里经常和男同学打架，欺负女同学，如果班里有谁违反纪律，准是他。久而久之，同学们老远看见他都走开，老师有时也对他无可奈何。一次，他哥哥来给他请假说他生病了。那一天，因为没有这个闹将，班里的纪律顿时稳定了。开始，我见此现象，松了一口气，但又一想：暂时的平静不能代替长远的安宁，况且，这时的他在家一定很痛苦，很寂寞，这时的他也最需要同学的关心、老师的温暖，我不能只顾眼前的暂时平静而放弃对学生的真诚教育，育人就要把师爱送到学生的心坎上。想到这，我和班上几个班干部约定，放晚学后去他家里看望他。当我和同学们出现在他面前时，他一愣，也许他根本没想到老师和同学会来看他。看着我们，他好像不知自己该说什么。最后，还是他母亲接过东西说："你看这孩子，老师和同学们来看你，怎么不说话？快叫老师。"我发现此时的他已不再是平时一匹"野马"似的他，而像被霜打过的叶子。这时，他不好意思地叫了一声："张老师！"我赶紧来到他床前，对他说："老师知道你病了，没有及时来看你，请你原谅，现在，最要紧的是把病养好，落下的功课，等你病好了，我和同学们一定帮你补上。"班干部们也纷纷安慰他。这时，一旁的我发现他的眼睛里有了一颗晶莹的泪珠，他流泪了。因为他可能觉得老师并没有厌恶他，同学们也没有嫌弃他，感受到了老师和同学们对他的关心。

一周后，他病好上学了。为了让他和同学们的关系得到缓和，我动员几个同学利用课间和放学时间给他补课。终于，他赶上了队伍。逐渐地，他变了：课间的大声喧哗中没有了他的声音；楼道内违反纪律的同学中少了他一员；每天擦黑板的人中倒有了他的身影，大扫除时出现了他不怕脏累的形象；学校体育单项比赛中，他一人为我们班夺得了两个第一名的好成绩。教师这次适时的家访，送去了师生对后进生的关怀之情，促进了他的内疚与自责，继而产生一种强大的内驱力，使他幡然悔悟，收到了事半功倍的效果，使"野马"也能立下战功。

实践使我认识到：对于非智力型"后进生"，教师要抓住教育契机，适时地进行家访、沟通，将后进生的自尊与自责转化成强烈的内驱力，使他们逐渐甩掉"后进生"的帽子，在幸福的校园中同样成长成才。

她变了

张葛琴

一天下午放学，送完路队回到教室，我发现有一个人正在教室黑板上认真地写着课程表。我仔细一看，原来是我们班的马俞静。马俞静是我们班女生中最调皮的，作业不按时完成，上课说话，做小动作，还经常打男生。就是这样一个女生，今天怎么变得关心集体了？正在想着，马俞静发现了我，马上不好意思地对我说："老师，今天贾跃说她有事，让我替她抄课表。"我往黑板上一看，字还蛮漂亮的，比她作业本上强多了。我当即夸奖了她。我发现马俞静可高兴了，身上的那副股皮劲儿不见了。

第二天下午放学，我发现贾跃抄课表时，马俞静还站在她旁边看着，不时还帮帮忙，一脸认真的神情。我发现此时的马俞静跟平时一点也不一样了。我见她想为班里抄课表，决定抓住这个契机转变她。于是，我把她叫到一边，对她说："马俞静，老师发现，你特别想为咱们班做好事，字也写得认真，老师想让你和贾跃一起抄课表，好吗？"听了我的话，她惊喜地答应了。后来我发现，一连几天，她都抢着抄课表，那样认真，字迹是那样工整，我当即表扬了她，还把她叫到跟前，语重心长地对她说："如果每天上课时，你再遵守纪律，作业再认真一些，老师就更喜欢你了。"她见老师这样说，美滋滋的。果然，第二天，马俞静的作业写得出奇地认真，我都不相信作业是她写的；上课纪律也好多了。

第三天，班里另外一个女生带着马俞静找到我，对我表明，想中午去参加花棍操队跳花棍操。原来，学校人文素养大型集体活动选拔学生的活动开始了，只有校花棍操队还没定人，班里的好多同学被各个组选走了，剩下的学生不多了，几乎都是没什么特长的女生。马俞静就是其中之一。噢，原来这两天她好好表现自己是为了这个事。看来我得给马俞静提供一个展示自己的机会。那个女生一再强调，马俞静跳的花棍操跳得可好了。我半信半疑，但还是同意了，并且鼓励她好好跳，争取被选上。为了看她跳得是否跟那个女生说的一样，我紧跟着她们下去了。果然，队伍中的马俞静跳得从节奏到动作都可好了。她跳得是那样灵活，那样自信，这更不像一个平时课上调皮捣蛋的孩子了。现在，我才看到了马俞静身上更多的优点和长处。此后，马俞静好像变了一个人，从纪律到学习，都有了不同程度的进步，她妈妈也向我反映，马俞静变了。

煤深藏在地下，永远不会发光发热，需要人们去挖掘利用，它的光和热才能释放出来。学生自身也蕴藏着无限的光和热，但如果教师不去发现、挖掘，不为他们创造条件，就会造成"财富的流失与浪费"。同时，一个学生如果长期得不到展示自我的机会，他进取的"火花"就会泯灭。

小学生正处于长知识、长身体、长能力的关键时期，教师为每个学生创造展示自我的机会，是素质教育的需要，是人文素养的需要，是学生全面发展的必要手段。

提高队员心理健康素质，增强中队凝聚力

张葛琴

心理健康是青少年走向现代化，走向世界，走向未来，建功立业的条件。而健康心理的形成需要精心、周到的培养和教育。因此，教师必须把关心儿童的心理健康，把培养儿童健康的心理素质作为重要的任务。而同学之间团结友爱则属于队员健康心理素质的范围。

小学高年级队员虽不像低、中年级队员那样单纯，但是，辨别是非能力、自控能力仍较差，这就需要高年级辅导员通过队员之间的团结友爱来增强中队凝聚力。这一点，对于高年级辅导员来说尤为重要。

十几年的中队辅导员经历，让我了解到影响队员之间正常交往、团结友爱的因素有很多，但主要的有以下几个方面：1.家庭经济状况的差别；2.学习好与学习不好的差别；3.城乡差别；4.小干部与普通学生的差别。这些差别让队员存在互相交往的心理障碍，必然也就成为队员之间不团结的因素。

如果任由这些不和谐因素存在的话，各类队员之间的感情就会油水分离，缺乏亲情和友爱，中队则如一盘散沙，难以形成合力，集体的凝聚力就难以形成。因此，我采取了如下做法：

一、奉献爱心

针对中队队员之间一些不和谐的因素，我决定建立一个团结奋进、充满爱的集体。让队员懂得只要人人都献出自己的一点爱，世界将变成美好的人间。

于是我们开展了"伸出你温暖的手，托起明天的太阳"的活动，为此，我们建立了爱心箱。在印度尼西亚等国家发生海啸灾害的时候，我们中队的队员积极行动起来，将自己的零用钱投进爱心箱，捐给了这些受灾国家的人民。虽然仅有 180 多元钱，但它代表了我们中国小学生的一片爱心。不仅如此，中队还利用爱心箱长期关心、帮助中队里的特困队员，在一定程度上杜绝了攀比风。同时，通过家访，与家长配合和少数家庭条件优越平时又比较铺张浪费的队员单独谈话，做思想工作，教育他们不要以炫耀父母的血汗钱为荣，而要以靠自己努力取得各方面进步为荣。这样就减少了队员之间贫富差别的体现，增加了他们心灵之间撞击的次数。队员之间关系变得和谐、融洽了，一个团结友爱的中队集体建立起来了。

二、积极开展竞赛活动

经常开展小队、小组，同桌竞赛活动，如：我们在小组之间开展了"优秀纪律小组""优秀学习小组""优秀路队"等比赛，使队员在共同的目标下增强内部团结，增强集体意识，从而增强了队员之间关系的融洽。

三、利用类比趋同现象，促进队员取人之长，补己之短

队员对哪些行为倾向于认同，决定着中队舆论的性质，而中队舆论对类比趋同的方向又起着极大的作用，辅导员必须注意中队舆论导向问题，以便促使集体向积极方面类比，相容。

我抓住"三人行必有我师"这句话，让队员讨论并认识到要取人之长补己之短，不能互相轻视，更不要以己之长比人之短。同时抓典型树正气，如有的队员贪玩不爱写作业，但运动会上勇于拼搏；有的队员有不团结现象，却是个拾金不昧的好队员；等等。在搞活动时，坚持面向全体的原则，鼓励队员重在参与，互相帮助，团结一致，开展贴近队员思想、生活的有意义的活动。这样

队员参加活动变得踊跃起来，一种积极向上的舆论占了主导地位，促进了大家向积极趋向，避免向消极方向变化，增加了不同队员间的心理相容性，提高了中队整体素质。

四、消除歧视心理

中队里有一个重度智障队员，他在学习方面一般是跟不上其他队员的，干任何事也总是比其他队员慢几拍，当个别队员在活动中嘲笑他时，我就及时教育大家要尊重别人，并指出现在正是体现团结友爱的集体力量的时候，歧视他人是不健康的心理，我们应该同心协力帮助他，让他在集体的温暖中学习基本的生活技能，从基本知识掌握起。后来，这个队员在同学的帮助下，考试成绩由原来的 20 多分上升到现在的 40 多分，学习有了明显的进步，同学之间的关系也融洽了。

实施素质教育，首先要培养队员良好的心理素质，由于工作中我注意了影响团结友爱的因素，并做了大量的工作，促使各类队员互相理解，团结一致，增强了队员之间的凝聚力，并形成了一个团结协作、充满爱心、具有强烈集体荣誉感的优秀中队，最终培养了队员健康的心理素质。

架起家校沟通的桥梁

张葛琴

学生的成长和发展是学校、家庭、社会相互作用的结果，其中最主要的是学校教育。但学校教育要取得效果，还要得到家庭和社会的配合和支持，而家访正是学校教育的延伸、家庭教育的补充。为了更好地对学生进行教育，更好地宣传学校的办学理念，开学了，学校要求各班主任都要对本班部分学生进行家访。

作为一名新接班的班主任，为了更好地了解本班学生，尤其是班里的后进生，我积极响应学校的号召去家访。因为我知道，家访可以提前读懂每个学生，缩短师生之间的心理距离，挖掘每个学生的潜能，充分调动学生和家长的积极性，形成合力，也可以更好地宣传学校的办学理念。

家访前，我先和所教班级的原班主任进行了交流，了解了本班学生的情况，尤其是班里的特殊学生，即纪律后进生和学习困难生。了解了他们在学校的表现、各科学习情况、兴趣爱好、习惯、身上最大的问题等，尤其最大限度地挖掘出了他们身上的闪光点。对他们的优缺点了如指掌，家访时才能信手拈来，提高家访的实效性。我这次家访的重点是这个班的老大难问题，打人大王——李小明。

开学第一天，我就认识了这个"鼎鼎有名"的打人大王。出乎我的意料，我潜意识中的李小明应该是一个胖胖的身体很壮实的男生，一见面，却发现他原来是一个瘦小但很鬼头的小男孩。开学典礼上，经过一番动员，我们班的大多数学生都表现不错，在队列中站得特好，李小明也不例外。在他有些管不住自己的每一刻，我都会及时出现在他身边，给他鼓劲儿，用鼓励的话语激励他，最后回到教室表扬奖励的学生中就有他。我估计他没想到老师会表扬他，他太缺乏表扬了，所以，我发现了他拿着老师奖励给他的小书签儿很高兴的样子。放学了，我又单独留下他，知道他爱看书，就说："因为你今天纪律进步大，特意奖励你一本《酷虫大王》漫画书。希望你不辜负老师对你的信任。"我发现，下楼时，李小明没有跑，而是慢慢走下楼的。我又夸了他。

为了抓住开学这个契机，抓住他进步这个时机，第二天，我又去他家进行了家访。从他妈妈口中，我了解到孩子开学第一天很高兴，因为老师表扬了他，老师奖励了他，老师信任了他。紧接着，我又和他妈妈交换了意见，他妈妈说："原来老去学校陪读，我也觉得不好意思了，孩子大了，也有自尊心了，去陪读，他觉得被同学看不起。"他妈妈表示，要抓住开学这一契机，和老师一起齐抓共管。我对他妈妈表示，也会抓住李小明有上进心的优点，让孩子有所转变，不拿老眼光看他，相信他会进步的。因为这次家访老师不是去告状的，而是去报喜的，所以李小明见老师去他家，很高兴，给老师递水，但还是有些不知所措。我说："以后，你只要取得了更大的进步，老师还会家访的。"他听了脸上有了笑容。家访第二天，我发现李小明上课写作业更快了，书上的纪律红花也开始有了。以后，李小明的进步越来越大。

这个家访的事例告诉我：只要我们老师把自己对学生的那份爱心、耐心和责任心充分地表露给家长，让家长觉得你是真心实意地关心爱护孩子、你所做的一切都是为了让孩子能成为一个优秀学生，并以平常人的心态，用朋友的方式与家长交谈，就一定能得到家长的理解、支持和配合。只有我们以平等的态度来对待家长，尊重他们，耐心、虚心、诚心地听取家长的一些合理有益的建议，努力营造和谐、轻松、愉快的交流环境，家校才能保持协调一致，沟通才有效，让纪律后进生也能在幸福的校园中健康成长。

养成好习惯，做争章好少年

——以自我管理为载体的班级文化建设案例谈

夏建萍

　　班级文化建设对学生的学习、成长和成才有着重要的作用。良好的班级不仅是学生文化学习的场所，更应该成为学生的心灵栖息地和精神家园，也是班主任教育价值和智慧的集中体现。正如《新基础教育论》中明确指出的："把班级还给学生，让班级充满成长气息""把创造还给老师，让教育充满智慧的挑战"。

　　因此，作为班主任的我，无论带哪个学段的班级，都会在学校德育教育的思路指导下，结合本班学生实际情况，把教室内的班级文化建设与校园内学校文化建设自然融为一体，积极培育和践行社会主义核心价值观，贯彻"实施力行教育，奠基幸福人生"的办学理念。结合校训"笃志、乐群、博学、守信"，以"自我管理，积极争章"活动为载体，带领学生共同创建具有特色的班级文化，全面提升班集体的品质。

一、班级文化核心

　　我班外地户口的学生多，家长多为生意人或者来京务工人员，孩子们虽然从小生活在通州，但是由于家长来自祖国各地，家庭文化背景不同，存在地域性文化差异。还有的是重组家庭，家长们对孩子的教育方法也是不同的。每个家庭里有一到三个孩子不等，孩子们受到家长关注的程度不同。近 40 个孩子的性格差异较大，学习和行为的习惯参差不齐。因此和孩子们共同商讨制定以下内容：

> 我们的班训是：团结 友爱 严谨 求实
> 我们的班风是：养成好习惯，成就好人生
> 班级的口号是：勤奋学习，快乐生活，做一个为他人着想的人

班内各项工作都有专门负责人员，这些小干部、小管理员自主选择责任岗位，竞选上岗，实行岗位自主承诺，并制定岗位职责，职责明确。在班训的指导下，学生们能够自我约束，宽以待人，团结友爱，互帮互助，快乐学习，和谐生活。

二、班级文化专栏

俗话说："环境造就人。"一个班级的文化环境对于学生的熏陶是潜移默化的，它对学生的成长起着举足轻重的作用。它具有无形的教育力量，往往会起到"随风潜入夜，润物细无声"的作用。那么就本班来说，由于孩子在家中的地位不同，有的孩子自理能力强，做事能够积极主动，有的孩子认为凡事与我无关，给了任务不知所措；有的做事细心有条不紊，有的做事潦草丢三落四。大多数学生有做事拖拖拉拉、畏畏缩缩，说话吞吞吐吐、词不达意的毛病，极个别同学不会与人交往。让孩子们自我管理，在活动与工作中，培养良好的学习习惯、行为交往习惯，势在必行。因此，我和同学围绕"自我管理，争好习惯章"，设计以下专栏：

（一）自我展示，评比栏——好习惯我养成

我把学校的"争章好少年"活动与个人评价手册相结合。围绕我校的"笃志、乐群、博学、守信"校训，鼓励人人争做"争章好少年"。健全本班的"争戴好习惯章"制度，让学生自行管理、监督，使它成为一项长期有效的措施。

引导全体学生在日常学习生活中养成良好的学习习惯和文明礼仪活动行为习惯。每人一张"好习惯收获单",具体内容见下表:

项目 数量	倾听专注章	发言踊跃章	审题细心章	书写工整章	学具自理章
项目 数量	文明礼仪章	遵规守纪章	自我保护章	环境保护章	自信展示章

以组为单位,既有个人收获单,又有各组的收获单,统一挂在专栏上。每周由各组的两个组长根据组员表现进行评价。10项内容中获得8枚奖章的可获得"你追我赶"大专栏上的"每周一枚章"。学期末以此为依据评选优秀。此专栏由班长自选两人辅助管理。"好习惯收获单"与专栏旁边同学的硬笔书法或者手写小报、美术作品等,充分让学生表现自我,实现自我,培养自信心。

(二)诚信书架,阅读角——我读书我快乐

学校近年来开展了"走诚信之路,做诚信南关人"的主题活动,这个活动是以"诚信借书"为主,学校的图书放在楼道里供孩子随时借还。在教室里,黑板的左侧有一个崭新书柜,那里放着孩子们从家里带来的图书。大家把自己看过的喜爱的图书放到班级图书角,学生课业之余和大家分享,阅读后交流。图书在漂流,学生在阅读,获得知识,享受快乐。随借随还,完全靠孩子的"诚信"。此书架由图书管理员负责整理。

(三)作业本架,学习角——我学习我细心

学生作业要达到书写规范、工整。教师对优秀的作业提出表扬后,引导其他学生学习。因此在教室前门后摆放一个作业架,第一层上放着学习教具,第二、三层整齐摆放着各学科的作业本。每个学生随时欣赏他人的作业,随时拿需要的学具讨论问题。这个做法可以帮助学生端正学习态度,明确学习目的,提高其学习兴趣，促使学生主动学习，鼓励学生大胆创新、勇于探索。

（四）心灵树屋，小信箱——常沟通益身心

现代教育是注重家校联合的，怎样更有效地与家长、孩子沟通、交流，以达到促进教育的目的，这是需要艺术的。"小信箱"巧妙地拓宽了家长、孩子与老师交流的渠道，避免了一些尴尬。学生每天会因为家庭、学习、交往等有情绪变化，有些事情会影响到学生的心理健康成长，需要老师和家长对孩子进行疏导。学生对老师信任，很想和老师聊聊；老师发现学生情绪变化，也想了解情况。于是学生自制"心灵树屋"——小信箱挂在了教室的墙壁上。孩子们随时把自己高兴、不高兴的事儿或者需要调座位等事情都写在小纸条上，悄悄放进小信箱。我每天放学后打开看，及时了解孩子们的思想状况，再以书信形式回复给孩子或者用微信与家长先沟通，再与孩子交流，及时帮助他们解决困惑、消除烦恼。目的就是希望孩子们身心健康快乐。

（五）窗台花草，种植角——净空气美环境

在教室两侧的窗台上摆放着火鹤、吊兰、芦荟、文竹等一盆盆的花草。这些花草有我亲手种植的，有同学自愿从家里搬来的，还有的是破坏"班级环境"（严重违反班级公约）受惩罚的同学，按要求必须种植的。一年四季，这些郁郁葱葱的花草，充满了生命的活力。孩子与花草互相映衬，这生机勃勃的环境怎能不让孩子们学得愉快、舒心呢？

（六）收获成功，荣誉栏——善合作乐分享

班级活动是实现班级管理目标的桥梁，是促进班级集体建设的中介，是学生展示才华的乐园。由于所有同学精诚团结、积极向上，努力自我约束，形成良好习惯，我们班在学校的升旗、课堂、楼道、眼操等常规评比中获得优秀集体的称号，在建队日乐群活动中获得"乐群中队"称号，在运动会上获得年级第一，在学科竞赛中获得年级第一，等等。在荣誉栏中，这一张张奖状里满是孩子们的欢笑和汗水，满是孩子们的集体凝聚力、责任担当意识。这些荣誉体现了孩子们的成功，也时刻激励孩子们再接再厉，再创佳绩。

飘落的 20 元
——我的教育故事

夏建萍

一天早晨，我站在讲桌前整理刚刚收上来的学生午餐费（每人 48 元）。小胖子坐在我的讲桌左手边，在认真地做着题。

我一边数钱，一边记录，还不时地用眼睛扫扫全体学生答卷做题的情况。由于不够专心吧，"哗啦"一声，钱币从我的手中滑落，散在讲台上、地面上、讲台与多媒体柜子的空隙间。我忙不迭地蹲下去捡拾。自认为都捡起了，我准备再次整理，"丁零零——"收卷时间到了。我只好把钱币用皮筋捆好，回到办公室。

到办公室后，我数了数钱，咦？怎么少了 20 元？"难道是我收钱时，找错钱啦？还是我少收了哪位同学的一张 20 元的钱币？"我反复数了一遍又一遍，总是少 20 元。我立刻拿着钱到教室，让孩子们帮我看看地面、角落是否遗落。"老师，可能是 ×× 偷走了。您数钱时，他就在您的桌子旁边。"一个同学大声对我说。"不可能，掉地上的钱，我都捡起来了。"我坚定地说。"唉！看来，这少的 20 元钱得我自己掏了！活该吧！都怪自己做事太马虎了。"我心里自责道。钱虽不多，可是遇到这样的事，肯定影响我的好心情。

下午，我刚刚踏进教室门，一个学生跑到我跟前，嚷道："老师！老师！钱找到了。""哦？"我有些吃惊。"老师，钱就是 ××× 偷走的。""轰——"我的头顶上响了个炸雷一样。"我们从他书包里翻出来的，上面还写着 ×××（班里同学）的名字呢。老师，真是他偷的！""不可能是他拿的。可能是钱掉落时恰好落在他书包里啦。肯定他也没看见。"我说着，眼睛立刻在同学群里寻找那个当时就坐在讲台旁边的小胖子 ×××，他的表情很尴尬。此时，小胖子为自己辩护道："老师，我真不知道是怎么回事。我也奇怪呢……""找到就行了，他真的没看见。就是钱恰好落在他书包里啦。这事到此结束！大家准备上第一节课吧。"看到那他胆怯又无助的眼神，我急忙说。

我把找到钱的两个同学和小胖子都留下来，分别谈话，了解情况。"你自己说说对这件事的想法吧。"我平和地说。"老师，我真不知道怎么回事。可同学都怀疑我。"他有些委屈地说。"为什么同学都怀疑你呀？""因为我以前拿过别人的东西……还把学校的图书拿回自己家里……""老师认为这钱是飘落在你书包里的。相信肯定不是你拿（我有意避开了'偷'字）的。但是，你从今天这件事上也要吸取教训。做一个有诚信的人。好吗？"我摸着他的头说，"咱们的校训就是'笃志、乐群、博学、守信'，走诚信之路，做诚信之人。"他直直地看着我，微微点点头。"这件事我和你爸爸说吗？你会和爸爸说吗？"我问他。他使劲地摇着头。"爸爸会打我……"他低下头，泪水在眼眶里打转，默不作声了。"这样吧！这件事我不和你爸爸说。咱俩拉钩！"我说道。他犹豫了一下，伸出小手指。

我的心久久不能平静。"相信他！他是个孩子！尽管他的讲述有些……相信他，一定要相信他！他不是已经……"我心里想着如何在班内同学中，保护小胖子的自尊，不让同学给他扣上"小偷"的大帽子。诚信教育，是我校以"诚信书架"为载体，通过让孩子们自主借书，主动、按时还书开展的主题系列教育活动来进行。每天孩子们走进校门的那一刻，就开始了沿着"南关诚信之路"的学习生活。这恰恰也是"社会主义核心价值观"的某一方面的充分体现。校园里张贴的许多古今中外诚信名言警句更是立德树人教育理念的体现。

"丁零零——"下课的铃声打断了我的思绪。我径直走进教室，当学生们都坐好后，我再次郑重说道："同学们，关于上午丢失20元钱的事，主要是我工作不专心，导致钱币撒落一地。我通过调查，结果就是钱飘落到了×××的书包里，他毫不知情。因此，此事与他无关。同学们也不要再随意猜测，随便议论了。此事到此结束。因为我工作的失误，让他受到了误会，我向他道歉。让同学们紧张了，也向大家道歉！对不起！"我向同学们诚挚地鞠了一躬。那一刹那，我看到大多数同学有了一种释然、轻松的表情，而小胖子的眼神里是满满的复杂之情……

在后来的日子里，我对小胖子一直密切关注，发现他爱劳动，经常主动擦黑板、打扫卫生区，或者照顾班级植物角的花草……看到他点滴好的表现，我立刻表扬他，送赞美卡给他。我也借着催促孩子们及时归还图书的时机，在班级微信群里告知所有家长："请您督促孩子把学校图书还回，不要把图书落在家里。"他的爸爸看到消息后主动拍了图书照片发给我，问我是不是学校的图书，并且亲自把图书送了回来。我对家长的做法高度称赞，给予肯定。但是，就"飘钱"的事，我始终没有对家长说，因为我和孩子拉过钩，我必须遵守我的承诺。

我希望在我教小胖子的短暂的三年里，能够用我的生命状态去影响他的生命状态。在我与他相处的有限时间里，教会他书写"人"字，让他做一个正直、善良、诚信之人。希望我对他的尊重、对他的理解、对他的包容、对他悉心的呵护，他能够体会到。我无法改变他的过去，但是我可以影响他的未来。

她怎么会“这样”？

王月兰

下课铃声刚一响过，“忽啦”的一声，一个女生噘着嘴、脸涨得通红，气冲冲地回到了自己的座位。我惊呆了，不知发生了什么事情。怎么叫她过来她都不动，还趴在桌子上哭起来。我走过去询问，她也不理我。还是第一次看到这个孩子的这一面，敢在老师面前要脾气？敢这样不尊重老师？说实在话，我当时有些生气了，禁不住大声说了她两声。要知道她可是所有老师心中的好学生呀，怎么会这样？这是什么情况呀？我真的蒙了。

这次学校要进行英语达人秀的展示活动，我把机会给了她，难道她还不乐意？下周就要进行比赛了，她可是要代表班级参赛的呀！我让她乘其他同学做作业的时间在楼道里准备，难道还能伤到她？她怎么想的？

为了更好地解决这件事情，了解孩子的所思所想，我给她妈妈发了微信，让家长方便的话过来一下。她的妈妈是滴滴司机，今天恰好在学校附近，不一会儿就来了，一见到我就说：“一定是老大惹您生气了吧？”原来她在家里脾气就很大，敢说话，她的双胞胎妹妹脾气却很温和。我请家长坐下，了解到了很多在学校根本不会发现的情况。我当时就在想：啊，跟家长多进行沟通是多么重要！特别是平时在老师眼里表现很好的孩子也会有另一面！我顿时平静了许多，开始询问孩子的想法。原来，这个孩子在心中一直有个坎儿过不去，想不通，想不开。

这两姐妹原是六（1）班的同学，由于我校到了高年级学生人数急剧下降（很多孩子都转回老家了），学校决定把四个教学班合并成三个，被合并的恰是大家公认的最优秀的六（1）班。孩子、家长也包括我当时都有些不解，为什么不拆相对较差、人数最少的六（3）班呢？可是没有办法，孩子们只能硬着头皮来到了新的班级，但他们心中的班级却是永远的六（1）班，无论怎样也不会改变，那里有他们值得骄傲的记忆、美好的童年和珍贵的同学情谊。带着这样的情绪，姐妹俩开始了新的班级生活，但她们对新班级的感觉总是不好，可能这种改变对于小学生来讲真的不太容易适应吧！

这次英语达人秀活动，六年级的展示方式是演讲，我对每个班都进行了布置。可当我检查情况的时候，六（3）班只有她们俩写了演讲稿，其他人都没有准备，更没有制作PPT。这时老大就噘着嘴说："那只能是我了。"我问为什么，她说她是姐姐。我说："那你在楼道里好好背背讲稿，课下再写作业吧。"我没多想，就把她留在了楼道的椅子上。她越想越气，觉得很不公平，为什么六（3）班的事情只有她做？除了完成作业还要做一堆的事，真倒霉！下课铃声一响，她就冲了进来。

了解了她的想法，作为老师的我感觉有些惭愧，我真的没有过多地想过这些，是不是这个班的所有孩子都会有这样的"结"呢？

我真诚地向她道了歉："是老师忽视了你们的想法，对你们的关心不够。"然后耐心地开导起来她。我告诉她："你之所以有那么多的工作要做，是因为你很优秀；之所以让你参加这个活动，是老师相信你的实力，无论如何你现在就是六（3）班的一员。如果你不参加，你们班就要弃权，你肯定不愿意看到这样的情况发生，对吗？你说这样的事是倒霉的事，孩子，你错了。这是你人生中丰富的经历，你现在还小，还没有深刻的体会，以后到了中学、大学，甚至是参加工作以后，你这些所谓倒霉的经历一定会成为你一笔丰厚的财富，你的能力就是在这些事情中得以锻炼和提高的。以后不管时间多么紧张，你都会有办法合理分配好，从而更好地完成。你知道吗，原来你们班的程昱同学代表六（2）班参赛，她可是做了精心的准备哟！她还制作了精美的PPT呢！老师希望你能和她一样优秀。"

我边讲边观察着她的变化，只见她的眼睛又有了光彩，脸上也渐渐有了笑意，之前还大把地抹眼泪，现在终于破涕为笑了。我的话好像起了作用，我窃喜。她妈妈也不失时机地旁敲侧击道："是啊，王老师把这么好的机会给了你，你应该紧紧地抓住。快跟王老师道个歉，瞧你今天把老师气的。"

我惭愧地接受了孩子的道歉。望着母女俩远去的背影，我陷入了深深的思考。这样的孩子受挫能力差，他们会把很多事当成坏事去想，长此以往就会出现严重的心理问题。不光是"学困生"需要这种多方位的沟通交流，表现优秀的同学同样需要。今后我要多和同学们谈心，了解他们的喜怒哀乐，走进他们的心田。"不要轻易地对孩子的行为做出判断。"我应该怀着坦诚的心态和他们沟通，成为他们的良师益友。

　　这次英语活动取得了圆满成功，得到了学校领导的高度评价。这位女同学显然有些紧张，但也得到了"未来英语之星"的奖状。当我问她感受时，她笑着说"挺好的"。"那这样的活动以后还参加吗？"她爽朗地答道："参加！"

　　在那之后，我有时间就和孩子们聊天，或安慰，或劝解，或引导，或鼓励。我也经常和家长沟通，了解孩子们在家里的表现。哪怕我的所说所做对他们有一点点帮助，我都会很开心。

　　我是孩子们心中爱笑的老师，我会把最真诚的微笑和赞美送给他们，鼓励他们继续努力、勇敢前行。教育是育人的伟业，你用真心触动孩子们的心弦，也将同样收获他们真诚的爱。

　　"做孩子们喜欢和信任的老师！"这是我的追求。

"力行"教育中的美育

王月兰

【内容摘要】我校倡导的"力行"教育，旨在培养学生的主动学习精神和实践探索意识，让学生有一双发现美的眼睛。在"力行"教育活动过程中，到处都充满着美的教育。在课堂上感受音乐、体育、环境之美，课堂气氛活跃，取得了很好的效果；在生活中发现真善美；在学习中创造美，表演、复述、创编新对话，进行再创造；在英语活动中展示美；在工作中用爱心传递美。

孔子曰"好学近乎知，力行近乎仁"，这是修身、治人，进而更好地治国的方法和途径。一个人只有坚持不断地学习，才能具备智慧、知识和才能；只有踊跃地投身到社会实践当中去，接触生活，了解民众，才能懂得人与人应该互相关爱，从而发现更多的真善美。这便是我校倡导的"力行"教育，旨在培养学生的主动学习精神和实践探索意识，让学生有一双发现美的眼睛。在"力行"教育活动过程中，到处都充满着美的教育。

一、课堂上感受美

我是一名英语老师，现从事中高年级的英语教学工作。工作中，我认真备课，精心设计教学环节，利用各种手段激发学生的学习兴趣，努力实践"力行"教育理念。我们唱歌、说歌谣，对学生进行音乐的熏陶，感受英语经典歌曲的无限魅力。特别是在四年级学习"音乐（music）"这一单元时，我搜集了很多古典音乐（钢琴曲、小提琴曲）、民族音乐（二胡、古筝）、爵士乐（萨克斯）、流行歌曲（TFBOYS 的歌曲）及乡村音乐（吉他）的经典曲目，不仅让他们学习了这几种音乐的英语名称，还提高了学生的欣赏力和鉴赏力。我们在复习单词时采取画一画、描一描等形式，实现与美术学科的完美融合。学习有关"体育（sports）"的词语句型时，我出示很多图片，让孩子们感受体形与运动之美。在学习"奥运会（Olympic Games）"这一单元时，我们观看了北京奥运会的有关视频和图片，同学们为我们的祖国而自豪，为我们的首都而骄傲，为中国奥运健儿的精彩表现而欢呼！

在学习"保护环境"这一单元时，我给学生播放了环境被极大污染的视频资料：肮脏的街道公园、污浊的空气、垃圾成堆的河流、大量死亡的动物，带给学生很大的视觉震撼。而接下来看到的却是碧水蓝天、繁花似锦、动物欢跳的和谐景象。询问他们的感受，他们立刻明白了保护环境、保护地球的迫切性和重要性，以及设立"世界地球日"的意义所在。

二、生活中发现美

英语课上，我十分重视书本知识与学生日常生活的有机结合，引导学生发现生活中的真善美，课堂气氛活跃，取得了很好的效果。

如在学习"春天来了！（Spring is coming！）"这一单元时，我结合实际让学生寻找春天的变化，体验环境的美好。"The trees turn green."（树绿了。）"The grass comes out."（草发芽了。）"The flowers are blooming."（花盛开了。）"The butterflies are dancing."（蝴蝶在跳舞。）……孩子们热情地谈论着，犹如温暖的春天。在讨论"你最喜欢的季节"时，孩子们的热情更高了。有的说喜欢春天，因为春天太美了，还很暖和；有的说喜欢夏天，因为他喜欢游泳，还喜欢吃冰激凌；有的说喜欢秋天，因为树叶非常漂亮，还有很多好吃的果实成熟了；还有的说喜欢冬天，因为他们可以堆雪人、打雪仗，还能去滑雪。每个孩子的发言中都透露出对美好生活的热爱。

三、学习中创造美

研究中发现，小学生在学习的起始阶段，由被动接受到主动学习要有一个过程，这个过程的快慢与教师的教学和引导有着密不可分的关系。教师要教会学生思考，将知识进行比较、归纳、综合、信息加工，融会贯通，生成自己的东西，这就是自主地构建知识。英语课上，我们经常启发学生思考，培养英语思维。通过观察、分辨、对比和输出，将知识进行有效的梳理，进而形成自己的理解和行为。

在中年级，每学完一个对话，我都会鼓励孩子们努力把对话表演出来，这是对所学内容的内化过程，也是学习的再创造过程。他们在小组内团结协作，将所学知识进行梳理和整合，加上动作、拿上道具，表演得惟妙惟肖。到了高年级，我就鼓励孩子们在板书的提示下复述对话。记得一位专家讲过，当孩子们进行表演或复述时，一定是知识的深度加工过程，它跟朗读是绝对不一样的。每次的表演或复述之后，我都会情不自禁地为他们鼓掌、点赞。我们还会模仿课文内容创编新的对话，为学生的写作打下良好的基础。

在单元复习阶段，我们运用英语整合学习单，让学生进行版面的书写和设计，创造出自己的风格。很多同学不仅书写认真具体、内容丰富，还将自己善于绘画、敢于设计的优势发挥出来，有的设计了花边，有的修饰了字体及颜色，还有的制作了背景图案，五颜六色，非常漂亮，体现了英语学科与其他学科有机整合的特点。如在"生肖属相"这一单元的学习中，李晓旭同学的学习单上出现了"中国结"的图案，我觉得与这一单元的中国元素非常地契合。程昱同学画出了许多生肖动物的图案，可爱极了。在如何保护环境方面，他们给出了很多好的建议，如多植树种花、保护动物、节约用水、节约纸张、不在公共场所乱扔垃圾、进行垃圾分类等。版面装饰很漂亮、很清新，这才是我们需要的美好环境啊！

四、活动中展示美

本学期，我们学校开展了英语达人秀的展示活动，各个年级都有不同的主题。一年级是演唱英文歌曲，二年级是趣味配音，三、四年级是课本剧表演，五年级是讲故事，而六年级则是英语演讲。那一天，参赛同学摩拳擦掌，使出了浑身解数，表现得都特别出色。我的学生程昱的奥运演讲夺得了六年级组的冠军，她熟练的背诵、清澈的声音、地道的语音语调，再加上精美的PPT，真的给人以美的享受。三年级的课本剧表演虽然没有得到冠军，但他们的台词长又很熟练，人物表演惟妙惟肖，场景切换自然，整体表演到位，表现出了美丽的秋景，同样得到了领导、老师和小评委的高度认可。我为他们而骄傲！

五、工作中传递美

如果你要问我什么是我眼中的最美，我会毫不犹豫地告诉你，孩子们渴求知识的目光最美，孩子们的笑脸最美。是的，让学生能快乐地学习、茁壮地成长，是每个老师的不懈追求。我经常想：作为一名好的教师，最重要的究竟是什么？优美的语言，广博的知识，还是丰富的经验？这些都是不可或缺的优秀品质，但更重要的是有爱心，是来自心灵的无私的真爱。师爱，是发自教师内心深处的真爱，一句恰如其分的赞扬和关心远远胜过冷冰冰的指责，这就是爱的力量。每当有孩子见到我对我说"老师好"，我都会面带微笑地回应："你好，谢谢。"上课时，我是孩子们心中爱笑的老师，我会把最真诚的微笑和赞美送给他们，鼓励他们继续努力、勇敢前行。教育是育人的伟业，用真心触动孩子们的心弦，也同样能收获他们真诚的爱。

在英语课上，当我们谈论到最喜欢的学科时，很多孩子的答案是英语课；当谈论将来想从事的职业时，每个班都有好几个女生说想当英语老师，询问原因，她们说是因为喜欢我。每到此时，我都会生出一种喜悦感来，也许这就是我对他们一点小小的影响，传递给他们的爱的力量，在他们幼小的心灵中埋下的一粒理想的种子吧！2017年9月9日，王竟峣同学在送给我的教师节卡片中这样写道："祝王老师节日快乐！王老师，感谢您对我的培养，我从心里感激您，您英语真的教得很棒！我爱您，王老师！希望以后还可以做您的学生！"我把这段话永久地留存在心里，它温暖着我，感动着我，激励着我。

我校的"力行"教育仍在前行，而美的教育无所不在。在今后的工作中，我还要继续努力，在奋斗中体会教育者的幸福和美好，倡导和践行"力行"理念，用自己的爱心不断地发现美、传播美、创造美！

巧用激励性评价，呵护学生自尊、自信

——班级文化建设与综合素质评价整合漫谈

胡建东

基于现代教育理论，素质教育评价方式应该体现"以人为本"的思想，在学生的整个发展过程中，始终坚持以"促进学生发展"为目的。教师在教育教学中要把对学生的评价贯穿于整个学年中，引导学生自觉地将评价与日常行为表现联系起来。德国教育家第斯惠多说："教学艺术的本质不在于传授，而在于激励、唤醒和鼓舞。"因此，在学生素质综合评价中，激励性评价显得极为重要。以发展性评价激励每一个学生，可以使被评价的学生都能获得快乐的情感体验，增强自信，健康成长。

班级文化是班级的一种风尚，一种文化传统，一种行为方式，它自觉或不自觉地通过一定的形式融会到班集体同学的学习、生活等各个方面，形成一种良好的自觉的行为习惯，潜移默化地影响着他们的行为，升华学生人格，陶冶学生情操。在班级文化建设中，巧妙地运用激励性评价，将会使同学们参与的热情更高，班级文化建设的内容和形式更多样化，班级文化的育人功能更高效化，学生们的综合素质也能得以提高，同时，能让综合素质评价工作"落地"，使它不再空、假、僵，切实起到引领学生发展自我、完善自我、提升自我的育人功效。

一、主要举措

本学期，我们班为了提升综合素质评价工作的时效性，尝试把班级文化建设与综合素质评价进行了整合，取得了不错的成效。

班级文化建设，首先是明确设计理念。班级文化的设计理念是要让教室成为一个散发书香的天地，让教室成为回归生活的家园，让教室成为一个平等对话的环境，让教室成为一个挑战自我的场所，让教室成为一个展示才华的舞台；让班级成为一个有精神的集体，让班级成为一个师生共同耕耘的园地，让班级成为一个凝聚力量的支柱。设计班级文化的总体目标，让班集体成为具有鲜明文化特色、浓郁文化氛围、优秀文化精神内涵的家园，以优秀的班级文化凝聚人心、规范言行、引导成长、促进发展。在构建班级文化的过程中，即时性、定期性、多样性地妙用激励性评价手段，大大激发了学生们参与的热情，加速了他们各项综合素质的提升。班级文化建设与综合素质评价的整合，让评价工作有了"抓手"，使综合素质评价细致化、实效化、即时化，促进了学生的健康成长。

学期初，我们班依据上述设计理念和构建原则，制定了班级文化建设总体目标——完善自我，立志成才。依据这一目标和学校的办学理念、校园文化建设方向，又制定了"创建和谐校园　展现班级风采"文化建设主题。

为了实现这一主题，我们班整体规划班级各个墙壁的文化建设作用功能，相继开辟了班务公告、小鱼快报、卫生角、班级风采、成长足迹、小荷才露尖尖角、梦想从这里开始、图书漂流屋等专栏。班务公告栏包括课程表、班级考核、报纸杂志名单、临时通知等。小鱼快报栏张贴每周评比出的表现突出或进步大的学生照片。"班级风采"栏展示班级整体面貌、班级口号、班级形象、班级公约。"梦想从这里开始"栏将孩子们在学习生活各个方面（劳动、听讲、作业、发言、纪律、单元测试等等）取得的一些成绩和进步，展示出来给大家，营造竞争的氛围。"心语心愿"栏是孩子的赞美卡。"读书驿站"展示的是孩子们读过文章、书籍，看过电影等之后写出的自己的感受，或者给大家推荐的好书等。"小荷才露尖尖角"栏用于孩子自己满意的字、画、作业展示。（一些板块的内容会不定期地更换，让更多的孩子都有展示自己的机会。）"书香小屋"栏细分为三个小栏：时事新闻、名人逸事、美文赏析。专人负责，定期更换（张贴过的内容不随手丢弃，我们班把它加以整理，订成小册子放在书架里，供学生随时再浏览，丰富知识和视野）。"缤纷的生活"栏张贴学生与家人或朋友的一些生活照，让学生感受生活的美好。"成长足迹"栏张贴本班一学期的获奖情况，它时时激励全班学生不断前进。

在班级文化建设中，我们加强了班级文化建设与综合素质评价的整合，让评价功能的即时性、多元性、发展性充分体现出来，发挥了激励性评价的促进性育人功能，增进了学生们的自尊感、自信心，提升了他们的综合能力。

如在班级静态文化建设时，我们通过教室的布置，让学生们明白：幽雅的班级环境有着春风化雨、润物无声的作用。它包括桌椅的摆放、墙面的布置、黑板的利用等，实际上就是一种静态文化。建设健康高雅的班级文化，学生触景生情，因美生爱，可以增强学生对班级生活的兴趣，促其热爱生活、热爱文化学习，从而形成健康向上的班风。在建设静态文化时，我们班巧妙地运用了赞美卡、红花评比等这些评价载体，引领学生学会观察他人，学会赏识他人，学会评价他人，使全班学生人人争先进、个个讲奉献。在运用赞美卡时，我们让全班学生每人准备一个成长记录本（大练习本、笔记本即可），自己用白纸包皮并设计独具特色的封面。每得到一张赞美卡时，都把它张贴在自己的成长记录本上。在每一张赞美页上，学生都设计出三个小栏目：赞美卡、心语、家长寄语。赞美卡的内容即是对自己日常观察的同学好行为进行赞美，像每一天都有谁做好了卫生工作，清扫完毕后，布置好教室卫生角，用具归类摆放整齐，垃圾分类存放，做到统一、整齐、整洁；哪些小干部管好了班务公告、小鱼快报、卫生角、班级风采、成长足迹、小荷才露尖尖角、梦想从这里开始、图书漂流屋等专栏；黑板报设计是否精心、精致，是否有所创新等。赞美卡的内容可多可少，三五十字即可。这样既不占用学生过多的课间时间，也不增加他们的心理负担，又进行了小练笔，引导他们学会评价他人，和谐了同学关系，一举多得。学生付××给小干部李××写过这样很有意思的赞美卡："你眼睛虽小，但很聚光，课上的每一分钟都追随老师的身影，它让你拥有了出众的成绩。学霸，我被你折服。"心语即是自我评价，写一写自己收到赞美卡时的心情、感受。学生邢××曾写道："今天是个好日子，我又收到了三张赞美卡。看着它们，就像看到了美味的人参果，心里真叫美！看，同学们很欣赏我，其实我也没做什么，不就是举手之劳帮同学擦擦黑板嘛，嘿，小事一桩，大家一个劲地夸我，真好，下次我还做！"家长寄语即是家长参与评价的体现，可写一写自己见到孩子的赞美卡时对孩子的赞美、祝福、祝愿的话。学生王××的妈妈在家长寄语中这样写道："儿子，你给妈争气了！课上敢举手回答问题，受到了老师的表扬，同学们看到了，妈妈也听到了，真为你高兴。你变自信了，相信你会更好。加油儿子，老妈永远是你的啦啦队、助威团。"

综合素质评价与班级文化建设的整合，不仅体现在班级静态文化建设上，还体现在班级动态文化建设里。与静态文化相对应，动态文化是指紧紧围绕教育教学工作而适时开展的各项主题活动、学生行为习惯的培养、班风的形成等。在搞好班级静态文化建设的同时，我们班也重视搞好班级动态文化建设。在动态文化建设时，我们也充分发挥激励性评价手段的育人功能，即时评价、多元化评价、阶段性评价、综合素质评价融入班级动态文化建设中，使学生们的好习惯形成得更快，班风形成得更好，教育活动的育人作用更强。

如每周的班会课。依据学校的要求，根据班级实际情况，我们班相继安排好主题，先后开展了"我的人生设计""身边的小榜样""勿忘历史扬我国威"海防知识队会、"我赞赏，我希望""健康心理，美好人生""让友谊之树茁壮成长"等主题活动。在活动中，进行了过程性评价。通过课前评价目标的明示、课中形成性评价、课后评价任务单的完成，让评价与活动充分结合，形成一体化，提升了活动课的时效性，也让评价具体化、可操作化，从而避免了空泛的评价。

在学生习惯培养和班风形成中，我们班更多地运用了即时评价手段，即教师表扬、同伴互评、激励印章、赠送赞美卡、红花表扬信等，让学生在表扬中前进，在激励中自我完善。如我们班大力推进"延展式阅读"活动，即课外阅读活动。每周四，我们利用一节校本课时间组织学生阅读课外名著，让他们养成读好书、勤读书、会读书的好习惯。为此，我们还设计了图书漂流、图书角，鼓励学生课余时间广泛开展阅读，在家亲子阅读。在课外阅读中，我们利用阅读成长记录表的形式进行评价，一周两张表，由班内评价小组进行评比，优胜者奖励。班内的小鱼快报的形成过程，是在每周五下午，由同学推荐在本周学习、纪律、思想等几方面表现突出的学生，再由评价小组评比，将优胜者的照片张贴在小鱼快报上加以表彰。

二、取得成效

经过一学年班级文化建设与综合素质评价的整合实践，我们班实现了综合素质评价"三化"：1.评价手段多元化。综合评价从教师一元化转向师生互动、生生互动、家校互动。班主任、学科教师、学生本人、同伴、家长等都成为整个评价中的多元主体，改变了过去学生被动接受班主任评判的状况，特别发挥了学生在评价中的主体作用。学生在自评中了解了自己的优缺点，更懂得了自己的"闪光点"，感受到成功的快乐。生生互评包括文化课学习、特长爱好、行为习惯及在集体活动中的表现等方面，在同学之间产生了一种良好的激励机制，形成了良好的心理环境。评价主体的多元化，放大了学生的优点，增强了学生的自信心。2.评价内容具体化。在班级文化建设中进行评价，让综合素质评价的内容更细化、具体化、可操作化。我们的评价涵盖面很广，评价更趋于细致化、随时化、跟进化，如对学生的学习习惯进行评价，分为课前、课中和课后三方面的评价。课前：学生能否进行课前预习，并且提出自己不懂的问题。课中：是否做好课前准备，包括文具和书籍；上课是否注意力集中，没有小动作，不做与课堂无关的事情；是否能准确回答老师的提问。课后：能否保质保量地完成作业，能否进行自我检测，总结出自己不懂的问题。3.评价面孔情感化。古人云："感人心者，莫先乎情。"评价时，充分运用情感的信号功能，以情达意，以情动情，表达对学生的关心、信任、支持和帮助，激发学生的自尊自信，充满亲情、激励的评价语言让学生们期待每一次评价。

班级文化建设与综合素质评价的整合实践，使班级取得了不小的进步：班级面貌焕然一新，学生讲文明、懂礼貌、团结互助的人和事层出不穷，学生的各项素质也有了很大提高，先后在各种比赛中荣获奖励。

三、实践反思

在班级文化建设与综合素质评价的整合实践中，我也感到有几点工作有待改进：1.评价过程放手不够。让学生参与评价，教师有时总想参与一下，唯恐评价结果与自己心目中的结果不甚相同，如学期中争章评价，教师引导了学生的评价方向；班级小岗位设立，评价细则制定时，没有让学生自己独立来操作。今后教师在参与评价时，只在学生评价工作中出现难题时适当地点拨引导即可，不必面面俱到。2.全员参与形式不多。一个优秀的班集体，离不开良好班级文化氛围的熏陶，而良好班级文化氛围的形成，离不开综合素质评价工作的助推力。在一年的整合实践中，虽然组织学生多次参与评比，但评价形式还较少，方式不多，影响了学生参与的热情，还没达到人人想参与、人人爱参与的良好境地。

俗话说："环境造就人，评价成就人。"班级文化与综合素质评价整合，让评价生活化、具体化、即时化、多元化，一举多得，前景无限。虽然我们的探索还在初期，还有很多困惑，但我们会迎难而上。我们坚信：良好的班级文化和综合素质评价整合一定会结出丰硕的成果！

"抄袭"的风波

——评价工作一例谈

胡建东

　　"岁月如歌"这个词真是不错，就在岁月不经意的一唱一和中，我已从教 28 个春秋了。学生们来了又走，走了又来，不经意间，我已先后做了 15 个班级的班主任了。孩子们给了我很多东西，他们让我笑过，让我哭过，也让我感动过。在孩子们的成长中，我也逐渐成熟起来。我感谢他们，是他们让我在过去那么单调的生活中感到了快乐和满足，是他们让我有了成就感。在这些孩子当中，有一个身材瘦弱、肤色黝黑的小男孩留给我无限的伤感和震撼，我常常想起他那双流泪的眼睛，这个孩子就是杨笑天。

　　那是一个周一的早晨，我照例到班里收上一周的日记。收好后，就抱着日记本回到了办公室。进门后，就随手批阅起来。突然，一则日记的内容吸引了我的目光："……站在被阳光晒得金光闪闪的沙滩上，我极目远眺，只见远处水天相接的地方白帆点点，若隐若现，像是漂在海上，又像是挂在空中。迷人的落日余晖均匀地铺散在海面，像是为一块神秘的蓝宝石镀上了一层金，煞是美丽。近处一层又一层的浪花撒着欢儿，打着滚儿向海滩上涌来，温柔地抚摸着我的脚。我一阵惊喜，俯下身，想把它捧起，可它却一溜烟消失得无影无踪。不由自主地，我向前走了几步，又一个浪涌上海滩，仿佛要与我拥抱……""写得太好了！"我不禁脱口赞叹道，并随手写下了一个鲜红的 5 分。那么这是谁写的呢？看看字迹像是赵圣屹的。对，一定是他！赵圣屹是班里的中队长，学习出色，尤其是习作，每一次都写得十分出色，我常常拿他的习作作为范文读给同学们听，大家对他佩服极了。前一段时间他还和我说，爸爸要带他去北戴河玩，这一定是他和爸爸去了北戴河后写的。这真是一个好孩子啊！我在心里高兴地想着。轻轻地，我合上日记本看看名字，啊！这一看不要紧，我一下子惊呼起来："杨笑天！这……怎么……可能呢……"杨笑天是班里的学习困难生，语文基础非常不好，习作是他最感头疼的事情，每一次习作，他都是愁眉苦脸的，这怎么……会是他写的呢？再说字迹也不太像啊，这是怎么回事呢……一下子，我陷入了深深的思索中。猛然间，我想到了最近在班内开展的"一帮一，一对红"活动，赵圣屹和杨笑天是一个帮教对子，是不是杨笑天在赵圣屹的帮助下学习有了进步？要是这样那就太好了，我要加速促进杨笑天的进步。想到了这，紧缩的眉头一下子舒展开了，喜悦之情洋溢在我的心头。

　　第二天，在语文课上，我先小结了日记的总体情况，表扬了一些成绩优秀或有进步的同学，接着重点表扬了杨笑天，夸奖他内容写得出色，并带头鼓掌祝贺他，同学们也纷纷鼓掌祝贺。此刻，我用眼瞥了一下杨笑天：只见他一张小脸红红的，头深深地低垂下，肩膀不住地抖动着，两只手一个劲地搓着。看到这些，我内心一阵惊喜：这孩子多么渴望进步啊！打开日记本，我大声地朗读起来："……站在被阳光晒得金光闪闪的沙滩上，我极目远眺，只见远处水天相接的地方白帆点点，若隐若现，像是漂在海上，又像是挂在空中。迷人的落日余晖均匀地铺散在海面，像是为一块神秘的蓝宝石镀上了一层金，煞是美丽……"突然，班上的"快嘴"柯子俊大声嚷嚷起来："这是抄的！前几天，我在《×××小学生优秀作文选》中看到过这篇文章！"这声音犹如晴天霹雳，一下子在班里炸开了，"刷"的一下，同学们都把惊异的目光投向杨笑天，我也愣住了，一下子不知道怎么办才好。此刻的杨笑天，头低得几乎要被课桌"埋"起来，瘦弱的肩头剧烈地颤抖着，微弱的抽泣声飘荡在教室里。怎么办？怎么办？这是一个多么孤独无助的孩子，他渴望进步，但由于多种因素，他自己很难有成功的体验，我难道就不应该给予他这样的体验吗？"白天鹅"和"丑小鸭"都是祖国未来的建设者，我们应全力促使他们成长。想到了这，我高声对同学们说："杨笑天'借'用了一篇佳作，让我看到了他渴望进步的美好心灵，我相信他自己一定会早日写出佳作的！"雷鸣般的掌声再一次在教室里响起。在同学们期盼的目光下，我欣喜地看到：杨笑天微微抬起了头，脸依旧是红红的，眼里还浸满着泪花，但目光里流露出坚定的神情。

　　又过了一周，我收完日记回到办公室。当我看到杨笑天的日记时，惊喜地发现他进步了：字迹工整了，内容也比以前具体了。尽管还有一些地方不太尽如人意，但是我依旧在日记本上写下了一个大大的、红红的 5 分，我仿佛看见他正在阔步向前走！

教育家陶行知先生说："你的教鞭下有瓦特，你的冷眼里有牛顿，你的讥笑中有爱迪生。"他明确告诉我们教育者在与孩子进行心灵沟通的过程中要把握和调动学生的内心需求，理解学生的所作所为，尤其要善于利用其自身的积极因素去克服消极因素。"力行"教育的理念，就是要通过激发学生的积极向上的前进动机，指导学生的成功行为，使学生感受到成功的愉悦，进而升华成功目标，达到人人主动争取成功，最终使每个学生的潜能得到开发。

关注"丑小鸭"，给他们一个支点，帮助他们展翅高飞，是我们教育工作者义不容辞的责任和义务。教育的核心内容是：为了孩子的一切，一切为了孩子。"丑小鸭"们内心脆弱，承受能力弱，我们在教育中要努力做好这几点：1. 用爱温暖。苏霍姆林斯基曾经说，对于那些"异样"的学生，要以"朋友和志同道合者那样"的态度和方式对他，因为只有对学生发自内心真挚的爱，才能给他们以鼓舞，才能使他们感到无比的温暖，才能点燃学生追求上进、成为优秀生的希望之火。教育实践告诉我们，爱是一种最有效的教育手段，教师情感可以温暖一颗冰冷的心。当学生体验到老师对自己的一片爱心和殷切期望时，他们就会变得"亲其师而信其道"。2. 尊重理解。作为一个教师，就应"以人为本"，尊重每一位学生。教育是心灵的艺术，我们教育学生，首先要与学生之间建立一座心灵相通的爱心桥梁，这样学生才会对老师产生热爱之情。如果我们承认教育的对象是活生生的人，那么教育评价过程便不仅仅是一种技巧的施展，而是充满了人情味的心灵交融。对待"丑小鸭"，我们老师就不应该放弃，而应该用心去浇灌他们，用激励性评价语言鼓励他们，使他们走出自卑，获得自尊，赢得尊重和赞赏。3. 巧设支点。生命，需要一个个的支点，因为生命很脆弱。生命一旦有了支点，就会强劲起来，就会挺拔和旺盛起来。这支点不是别的，是对人的关心和同情，是对生活和世界的爱，是对未来永不失落的希望。支点回报生命的，是永远的信心，永远的充实，永远的力量。"丑小鸭"渴望进步，但是又步履蹒跚，我们如果捕捉时机，运用灵巧务实的评价方式和内容，给他们巧妙地设计一个个进步的支点，他们就会在这样的支点上造就辉煌。

三尺讲台，舞台虽小，但我手捧师爱，憧憬明天；一间教室，视野虽短，但我热爱学生，无悔人生。让我们用爱心搭起桥梁，用关心凝成温暖，用真心传递幸福，用评价这个神奇的"宝物"铸就"爱可以改变一切"的金色长城！

工匠精神：耐心、专注、坚持

——少先队活动案例

侯海涛

一、案例

（一）活动背景：

2016 年 3 月 5 日，李克强总理做政府工作报告时提出"工匠精神"。要求大力弘扬工匠文化，崇尚精益求精，培育更多"中国工匠"，打造更多享誉世界的"中国品牌"。本中队是六年级中队，虽然队员们是学校年龄最大的队员，但通过和他们交流，了解到他们对于"工匠"的理解并不准确。多数队员认为工匠是"一种机械重复的工作者"，少数队员只是知道个大概或是从《大国工匠》这个纪录片中了解了一些内容。通过大家交流《大国工匠》，队员们对"工匠精神"有了很大的兴趣，一致赞同开这个队活动课，因此确定了此次活动课的主题。这节队活动课，首先要让队员们对工匠精神有较清晰的了解；其次要让队员们意识到，在不经意间，每一个人在认真做事的时候，身上都会散发出耐心、专注、坚持。它代表着一个时代的气质，是大多数成功的人身上都具备的，是每一个人都应该追求的精神。本次活动课的设计是通过讨论和小组实践、汇报的方式，让队员在自己模拟工作中体会工匠精神的内涵，在活动中让队员感悟工匠精神的魅力。

（二）活动目的：

情感目标：感悟耐心、专注、坚持的工作和粗糙的工作形成的鲜明对比，给队员带来心灵上的冲击。

能力目标：能把耐心、专注、坚持的工作精神融入今后的学习和工作之中。

（三）活动准备：

1. 游戏道具：每组若干张 A4 纸和剪刀、直尺、胶水、胶带、双面胶等。

2. 视频、图片资料。

（四）活动过程：

1. 工匠精神的理解

先看一段视频《致匠心》。

请大家用一个词来形容一下：作为一名合格的工匠，需要具备怎样的品质？
（专注、细心、坚持、一丝不苟、全神贯注、专心致志等）

结合查找的资料，请队员们说一说对工匠精神的理解和感悟。

2. 观看 PPT：工匠的布线艺术

请大家来看一组图片，工匠的布线艺术。

请队员们交流看后什么感受。

3. 游戏：搭纸塔

让队员们当一回工匠，动手搭一个纸塔。

（1）游戏的名字：搭纸塔。

（2）全班分成四个小组，每组提供的材料有：每组若干张纸以及剪刀、直尺、
胶水、胶带、双面胶等。

（3）要求在规定的 10 分钟内用所给的材料搭建纸塔，方法自选。

（4）搭建完成后，小组派成员进行解说和展示。说说你们组在搭建过程中是如何体现工匠精神的。

（5）游戏评比：最后将评选出两组"明星工匠组"。

评比标准：一是搭建纸塔的美观度、牢固度以及高度；二是成员对本小组"工匠精神"的介绍。

游戏结束后，请各组的其中两名成员到前面来介绍和展示成果。

最后，辅导员老师总结，评出两组"明星工匠组"。

总结：从计时开始，四个小组的队员就进入了紧张的工作中。我不时地穿梭在各组中间了解进展。但我发现队员们没有哪个人注意到我在干什么，都专注地干着一项工作，不时地小声交流着出现的状况，寻找着解决的办法。10 分钟很快过去了，各小组中的两名队员分享了他们在活动中对工匠精神的理解。

第三组在规定的时间内完成了纸塔，纸塔搭建得非常稳固。介绍的成员说："我们小组的工作是在集体的智慧中完成的。活动前期我们对方案进行了充分的讨论和修改，并且我们对组员进行了分工，10 分钟时间有些短，但这并不妨碍我们互相配合完成工作。在搭建过程中，我们组计划得不是很全面，致使产生了一些废品，浪费了时间，不然我们组搭的纸塔还会更高。"

第一组的作品并未在规定的时间内完成，但是由于两名成员的出色汇报和展示，这个小组的作品破格获得了老师的赞誉。这两名队员是这样说的："我们没有完成作品，但这是因为我们小组对纸塔品质的坚持。我相信我们小组也可以用很少的时间完成作品，但我们认为，大家愿意给我们等待的时间，让我们拿出更加完美的作品。这就是我们对工匠精神的理解。"

4. 展示"汉风耕读苑"实践活动照片

11月9日，学校组织我们全体学生去顺义"汉风耕读苑"参观实践活动，让我们再来回忆一下美好的瞬间。

总结：队员们，你们发现了吗？在生活中的不经意间，每个人在认真做事的时候，身上都散发出专注、耐心和仔细，这些就是把一件事情做成功的前提呀。

5. 说出你追求的"工匠精神"

现在请队员们拿出便贴纸写下自己对"工匠精神"的感悟和对未来的要求、憧憬等。写完后自己读一读，并贴在黑板上的"匠心"上。

找几人读读写的内容。

生1：这次队活动我永远忘不了。没开队会之前我根本不知道"工匠"和"工匠精神"是什么意思。现在我明白了工匠要有一颗追求完美、持之以恒的心。他们不受外界的干扰，专心做好每一件事，要把每一件事做到炉火纯青的地步。

生2：我觉得作为一名优秀的工匠，一定要把握好每一个细节，做好每一件事。而且做任何事思路都要清晰，考虑全面，不得有半点差错，否则就会满盘皆输。

二、活动拓展与延伸

本次中队活动，我们都接受了"工匠精神"的洗礼。每个人都意识到了要把一件事情干好，取得成功，耐心、专注、坚持是必不可少的。学生是祖国的未来，我希望学生能把工匠精神融入今后的学习、生活甚至工作之中。

三、总结和反思

通过本次活动课，队员们对"工匠精神"有了全新的认识。通过观看《致匠心》，队员们知道了作为一名合格的工匠需要的品质。中国和德国工匠令人震撼的工作艺术，使队员们惊叹原来小小的布线活都可以成为一门艺术。通过游戏的感悟，队员们也意识到了"耐心、专注、坚持"说起来容易，做起来却很难。

总之，通过本次活动，队员们对"工匠精神"有了更深的理解和感悟，通过讨论和分享，队员们也把这种精神和日常工作、学习联系了起来，感受到了"工匠精神"的重要性。

务工子女心理健康初探

侯海涛

一、问题的提出

近年来,外地民工涌入城市的人已愈来愈多。他们的加入,为地区的经济发展带来了不可低估的作用,但诸多问题也纷至沓来,其中之一就是他们孩子的教育问题。以我校为例,全校接近 800 人,民工的孩子占一半左右。虽然教育局、区政府做了相应的安排,在一定程度上解决了民工的孩子的就学问题,但是,孩子们在异地生活、学习愉快吗?我进行了简单的问卷调查。说到学生最难受的事,有 60% 的学生说是被别人看不起。

记得开学的头几天,我班新转来一个外地男同学。他个头较高,衣着比较脏,身上有一股味儿,学习成绩也比较差。为了便于对他各方面进行观察和了解,我把他安排在了第一行的头一桌。过了两个星期,按行调整座位,他挡住了别人,我决定给他调一调座位,发生了不愉快的一幕:我刚一开口,一位女同学就看出了我的想法,她站了起来,对我说:"老师,我不想跟他一起坐。"我看向女同学,只见她紧皱眉头,还用手捂住口鼻。我没有说话,转头打量那个男同学的样子和神情,只见他把头埋得很深,手不停地摆弄着衣角。我沉思了一会儿,以各种理由说服了那位女同学。事后,我找那位女同学谈了心,告诉她说话、干事都要以班级大局为重。

当然,我也理解那位女同学的想法,但我也同样觉得担忧,因为事实再次表明,民工的孩子,尤其是学习成绩比较差的孩子,常常在学校里受到众多的歧视。从心理学的角度来说,歧视是对人最大的隐性伤害,特别是对儿童而言。如果，在这些孩子们幼小的心灵中根植下"社会不公平""我就是比别人差""我有多么地被别人看不起"的阴影，我想这对于一个人的一生，对于社会的发展必将带来负面效应。为此，我萌发了对民工的孩子的心理健康的初步探索。

二、措施

针对班级实际，我从人文性的角度出发，尝试了下面一些实施办法。

（一）走近孩子

蒙台梭利说："教师不仅仅是一个教师，还是一个心理学家，因为他要指导儿童的生活和心灵。"作为一名教师，只有了解了学生的内心世界，才能抓住他们的心理变化，因材施教，对症下药。

家庭环境是影响学生心理、学习的一个极为重要的因素。通过进家门，我深刻地体会到民工的孩子背后的故事：他们住的大都是很小的一间房子，不足四五十平方米，这一间房子包括了他们的厨房、卧室、杂物房。孩子根本没有属于自己学习的良好场所；孩子的父母通常很晚才回家，就算回家后也很少过问孩子的学习情况；孩子常常回到家要洗衣服或做家务事；孩子也常常会和一些老乡孩子一起，同玩同乐，同样不按时或不认真地完成作业。

另外，我课间经常在教室里走走，与民工的孩子聊聊，可以让他们感受到老师对他们的重视和关心，也可以第一时间了解他们心灵深处的变化，从而做到及时教育、及时更正。

（二）用心爱孩子

世上无难事，只怕有心人。的确，只要你有心，什么样的事不能办成呢？更何况只是孩子一颗受了一点伤害的心。

1. 爱心

爱是教育的前提，唯有爱的教育才是真正意义上的教育。教师只有用爱去熏陶学生，才能让其"亲其师而信其道"。班上最调皮的一个民工的孩子，学习成绩差，又喜欢拿同学的学习用品。了解事实后，我多次找他谈了心，并主动买了些橡皮、铅笔、稿纸给他。果然，在往后的日子里，班上再没有同学丢失学习用品了，而且他上课的纪律也好了，学习也有了一定的进步。当然，此后我也明白了真相，原来他的父母来这里打工，但一时找不到工作，只能靠捡垃圾卖钱维持日子，没钱给他买学习用品。

2. 慧心

要求平等是一个人最起码的要求。只有平等，才能使人消除恐惧，克服自卑，敞开心扉，放飞心灵。但为什么我却要偏心呢？我认为，只有对民工的孩子特别地关爱，特别地重视，才能让他们感动于心。于是，我通过平时的上课谈话和活动课等形式努力在同学中营造偏心但又不失平等的氛围。在教学习作《家乡的……》时，我让同学们先口头上夸一夸自己家乡的风景、物产或人文气象。很多同学都举起了手，此时，我发现班上的一个民工的孩子冉冉犹豫着，想举手却又不敢举，不举手却又不甘心。我见了以后，说："冉冉同学的家在福建武夷山附近吧，早听说武夷山风景优美，不如让她先来夸一夸吧！"谁知，她真的开口发言了，虽然说得不是很好，但至少让我看到了她发言后的那一个微笑的瞬间。也有一次，我叫学生用"思念"造句。面对同学们的举手，我还是叫了一个没有举手的民工的孩子，我说："你曾经思念什么吗？"经过好几次的鼓励，他开口了，说："我思念我的爷爷。""很好啊！"我当场肯定了他，随后又叫他完整地说了一遍："离开家乡很久了，我很思念我的爷爷。"这样一来，不但让他学会了发言，尝到了学习成功的甜头，而且因为其他小朋友羡慕不已，使他变得自信起来。

3. 耐心

事实上，无论是教师也好，学生也罢，看不起民工的孩子，在很大程度上还是因为民工的孩子学习成绩不够理想。也正是这个原因，进一步加深了民工的孩子自卑、不健康的心理。所以要从一定程度上改变学生对其的看法，使其克服自卑的心理，关键还是在于提高他们的学习成绩。写日记是我们班的重要课程。明明来班级时，字写得很潦草，但是每次作业都尽量做得最好。印象很深的是，我在全班同学的面前读他的第一篇日记。日记大意是他为获得这次难得的学习机会感到高兴，并下定决心成为一个好学生，不辜负学校领导、老师、爸爸妈妈的期望。语言通顺流畅，真挚感人。读后，我们每一个人被他感动了！以后，第二篇、第三篇……他的日记经常与大家见面。后来，日记也成了我和他心灵交流的平台，很快，我就走进了他的内心。看着他的进步，我再次感受到，对待民工的孩子的学习问题，真是需要付出太大的耐心。

三、实施效果

经过长时间的实施与努力，我看到了进步：有的民工的孩子成绩进步了，有的民工的孩子能和谐地融入这个集体了。轩轩这个孩子，家长长期四处打工，他也和他的父母一起经常换学校，刚来南小的时候心理问题很大，经常顶撞老师，与老师对着干。有一天，我接到轩轩妈妈的电话，电话那边一直在说感谢学校和老师的话。她说儿子自从来到南小以后，各个方面都有了巨大的变化。天天回来都说老师好，说老师每次都叫他"轩轩"。她说每次只要老师说话，他都服服帖帖地照办。她们全家为遇见我这样的老师而高兴，谢谢老师。这时妈妈的声音有些哽咽。我能体会到一个家长对孩子成长的热切希望。其实，我对"轩轩"这样的称呼并没有感到有什么特别的，没想到，这样的称呼，轩轩会反应这么强烈。我突然发现轩轩幼小的心灵里一直在期盼着一缕来自老师的温暖阳光。过去没有得到，意外地在我这里收获到了。我为母亲的感动而感动着。从此，我坚信，那些问题孩子，他们缺少的不是严厉的目光，而是温暖的心窗。"轩轩"的称呼，我没再改变，但是轩轩这个孩子在我的心目中的位置越来越高大起来。

四、反思

　　当然，在实践的过程中，我看到了成绩，但也有所反思。毕竟我接收的几个民工的孩子心理还是属于比较容易调整的，如果遇上几个行为偏激的、自我封闭严重的、性格孤僻的，那又该如何呢？所以，我十分希望关心我们民工的孩子的教师们能共同探索，为培养他们健全的心理而不懈努力！

家校携手　共筑队员梦

郝娜

在新中国成立 70 周年之际，北京市通州区南关小学一年级 3 班的老师和家长们共同携手，通过自主教育、实践活动、组织教育、客观评价四个方面引领同学们做好了加入中国少年先锋队的准备。同学们严格要求自己、力行实践，通过自己的努力，力争早日成为光荣的少先队员，实现自己的队员梦想！

一、自主教育

好习惯使人受益一生。自主教育是通过 21 天好习惯养成计划，帮助同学们做更好的自己。学校老师专门设计了《自主教育养成手册》，引领学生做运动明星、劳动小达人、学习智多星、公益热心肠……家长们积极参与到学生的自主教育中，积极为学生创造习惯养成的条件，并有意识地提醒学生"好习惯贵在坚持"。

"古人学问无遗力，少壮工夫老始成。"同学们深知年少正是学习知识的大好时机，他们自小养成爱阅读、乐学习的好习惯；班里多名学生有从小锻炼的习惯，他们不怕吃苦受累，在锻炼中磨炼了自己坚定的意志；许多小同学主动参加劳动，他们选择力所能及的任务，在劳动中学会本领，收获快乐。

看，小同学们喜欢自己的养成计划，干劲十足！

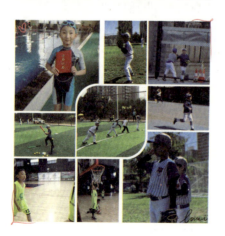

二、实践活动

做新时代的好少年，秉承南关人的力行精神，小同学们积极参与实践活动。

在炎炎夏日里，家长和小同学们热情似火，亲子自愿组团参加环保公益活动。有的家长朋友自愿担任讲师，为孩子讲解垃圾分类的好处及旧电池回收的重要性。看到他们积极的身影，作为老师的我，情不自禁为他们鼓掌。有的家长以身示范，和孩子一起参与社区志愿者活动。文明城市文明人，小同学积极参与志愿服务活动，他们积极行动、乐于奉献、真诚开朗，在服务中不怕辛苦。

实践活动后，孩子们用图文日记的方式，积极撰写自己的心得体会，在集体中交流分享。

三、组织教育

为了帮助小同学们走进少先队，一（3）开展队前教育活动。参加队前教育的 45 名学生认真听了班主任老师和预备少先队员的讲解。学习的主要内容包括少先队的队名、少先队的领导者、少先队的标志、如何敬队礼、如何佩戴红领巾等知识。活动中，学生认真地听取介绍，表现得很积极。在老师的耐心、细心的指导下，同学们亲身体验了行队礼、宣誓等庄重的入队仪式。通过队前教育活动，使一（3）的预备队员们更加了解了队的知识，明确了入队的意义，加深了对队的认识，达到了很好的队前教育目的。

四、客观评价

　　活动丰富了学生们的体验，锻炼了他们的身体，磨炼了他们的意志，更拓宽了他们的知识面……他们正在努力成为笃志、乐群、博学、守信的新时代好少年。同学们郑重地在"队礼我会敬、队歌我会唱、红领巾我会系、呼号我会说"等评价项目中做出客观评价，将不足及时改正，将优秀继续发扬！

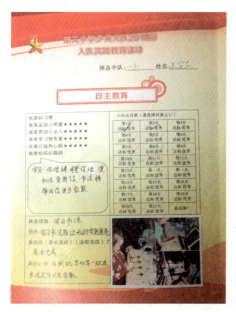

历经近两个月的时间，在老师和家长的引领下，一（3）的小同学们边做边在《南关小学少先大队 2018 届入队实践教育活动》中记录下自己的成长足迹。通过此项活动，小同学的心中燃起圣火，他们向着星星火炬的方向前进，努力成为一名光荣的少先队员。

扬起自信风帆　到达成功彼岸

郝娜

　　刚入学的孩子还未脱幼儿的稚气。我在和他们交往中，经常会听到这样的话语："我不敢！""我不会！""我害怕！"一些学生在集体活动中不敢主动地要求参加其他小组活动，不敢主动提出自己的意见和建议，不敢在众人面前大胆表现自己；在交往中有些学生总是跟在能力较强的学生后面，听从他人的安排，而不愿甚至从不当领导者。

　　作为班主任的我，看到学生们胆怯、不乐群、自卑，心中就会生出一份酸涩。为了帮助学生驶出自馁的港湾而扬帆远航，我是这样做的：

一、相信学生并有意识地让他们承担一些责任

　　低年级的学生虽然年龄小但是具有巨大的学习和发展潜力，我们要相信，每个学生都有一颗向上的心。我们不要因学生年龄小而替他们做许多事情，这样学生就会缺少责任感，凡事依靠，久而久之便难以建立自信。

　　我在新生刚入学的日子里，就交给他们一项每天必做的工作——整理自己的书包，摆放自己的学习用具。我带领学生们一起认识课程表、认识各科教材和各种练习本。指导他们每天按课程表整理自己的书包（把第二天每节课要用的书和本整齐地放进书包，准备好铅笔盒里的用具，削好每根铅笔）。刚刚走进小学的孩子们按捺不住心中的喜悦和兴奋，把我的话很当回事，每天认真执行。两个星期后，学生们连连受到各科老师的好评："学习用具准备齐全。"

接下来，我陆续安排学生担当小值日生，收发作业本；让学生对班里的事情，如黑板报和教育专栏的布置、小干部和小能手的评选等提出建议，如果合理，就尽可能采纳。

通过让学生做各种各样力所能及的事情并要求他们完成好，不仅能锻炼学生的动手能力，还可使学生从中获得自信。

二、善于发现学生的独特之处，放手培养

陕西的兵马俑是一位老农发现的，而他的可贵之处并不在于他发现了兵马俑，而是当他发现一块显得与众不同的瓦片时，没有扔掉，而是看出了瓦片的独特。学生也是一样的，每一个学生都是一个未开发的宝藏，而开启宝藏的密码就是"发现学生身上的优点"。教师要善于发现学生的独特之处，积极引导学生在活动中展示自己的闪光点，让他们感到自己是有能力的，可以从自己的身上而不仅仅是从别人的赞赏中获得自信。

我们班有个叫李帅的孩子，他成绩不好，总以为自己很笨，老师和同学都不喜欢自己，好像已经形成一种思维定式：自己成绩不好，就不能成为老师喜欢的好学生。于是他总是被动地接受老师布置的一项又一项的任务，无奈地去完成。

看到这样的他，我在生活上会给他多一点关心，另外我还告诉他："天生你才必有用，在学习上你不如其他同学，可你在体育方面比其他同学都好，你还特别爱劳动。每个人都有自己的长处，你也一样。你很聪明，如果努力，你一定会很棒的！"

校运会上，李帅取得了100米跑的第一名，为班级争得了荣誉。当同学们高呼他的名字、簇拥着他时，他露出了自信的微笑。

班级大扫除活动中，李帅表现出色，被同学们选为劳动小能手。

课堂上，我总把一些简单的问题留给他，然后再加以表扬，给予鼓励："你慢慢想想，一定可以的。""细心点，你都会的。""好孩子，还不会吗？""快请好朋友帮帮你吧。""呦！你真是个细心的孩子。""只要认真写，你一定会写

得很漂亮。""你是个很懂事的好孩子。"只要他有一点进步，我就及时表扬，极力地去发现他的每一个优点，慢慢把发展的空间还给这个可爱的孩子。就这样，在我一个又一个美好期望之下，李帅慢慢地转变了：他爱学习了，喜欢上学了；他变得主动了，学习成绩提高了。

在一次班会中，他这样说道："我不再是个没用的、让人讨厌的坏孩子了。我会继续努力，争取当上三好生。"听到这里，我欣慰地笑了。

三、鼓励教育学生向困难挑战，让学生享受战胜困难后的喜悦

孙明同学周末学琴的时间很长，导致他幼小的身体吃不消体力下降。我和他家长反映了情况，家长很快为孩子重新安排好合理作息。考虑到每周一都是小假期回来的第一天，低年级孩子的听讲情况很容易波动，我特意把课设计得有新意，去吸引学生的注意力，还安排了与教学内容相关的游戏去适应他们的心理要求，激发他们的学习兴趣，使学生们快乐地学习知识。这样一来，我看到了精神焕发的孙明。

六一节快到了，孙明报名参加学校的文艺节目评选，虽然他的独奏节目最终落选，但我依然为他送上掌声。我给他讲"铁杵磨针"的故事激励他别泄气，告诉他："落选不可怕，只要勤于练习，以后你会出色地站在舞台上。"鞭策他勇于接受挑战。转眼间国庆节到了，孙明的一曲《祖国妈妈》赢得全校师生的热烈掌声。

学生总是希望受到成人的夸赞，做教师的应利用这种心理特点，无论学生做什么事，要善于对他们的点滴进步和成功给予赞赏和鼓励。鼓励也包括接纳学生的失败和不足。学生有时会有些奇怪的想法，想尝试不太容易完成的事，我们千万不要嘲笑或是禁止学生，否则，他们以后可能不肯动脑筋思考，也会缺乏向新奇事物挑战的勇气。当学生想做某种新尝试时，我们即使知道他暂时还不能成功，也要让他去闯闯，然后再同学生一起分析不成功的原因，鼓励学生自己跨越这些障碍，当学生取得一点成功时，就会感到特别自豪。这样，学生会逐渐形成向困难挑战的自信和勇气。

自信是"花朵们"健康成长的催化剂，及时雨，是帮助下一代树立正确的世界观、人生观、价值观的指路灯、方向盘。愿每一条将要远行的"小舟"，扬起自信的风帆，早日到达成功的彼岸！

家校携手　共育花朵

郝娜

在电话、网络等通信手段日趋便利的今天，班主任要与家长联系是非常方便的。但这些抽象不直观的信号，却缺少了我们对学生成长环境的主观了解、缺少了我们与学生和家长面对面的情感传递。因此，传统的家访形式在今天这个信息时代亦是不可或缺的。我们不妨将传统的家访方式与电话、网络等通信工具灵活应用，有机结合，从而真正走进学生的家庭，走进学生与家长的内心深处，形成强大的教育合力，让优秀生更优秀，让问题生更上进。

黄帅同学是去年冬天从河北老家转入我校读书的。刚刚开学两个星期，他多次私拿同学的文具。在征订报刊的那几天里，他又私拿了班里多名同学订报纸、杂志的钱，一次就买30多元钱的零食请客，一时花不了的钱分多个地方"存"起来。有的家长建议我派人盯梢，让他不得机会；有的家长极力要求给他调班；甚至有的家长提议公开"搞臭"。他就像一株有严重病虫害的幼苗，需要我精心救助。经过一番熟思，我先垫付了那几名学生的报刊费，并决定采取"四步走"方针对他实施救助。

第一步：走进家、走进心

家访的目的是关心、爱护、转化、教育学生，而不是因教师管教不了才去向家长"告状"，因为这无异于给家长送去一根"棍子"，学生回家不免要受皮肉之苦。这样做不但解决不了任何问题，而且学生还会迁怒于教师，不忘这一"棍"之仇，会给下一步的工作制造障碍。因此，我在和黄帅父母预约家访后，也事先和黄帅打招呼，告诉他此次去他家是想和他做朋友，看看他的爸爸妈妈，绝对不会给他告状。在他家里，我参观了黄帅的小屋，知道他的父母一直忙着照料菜摊生意，很少照顾他。他的父母还多次说道："很欣赏孩子的独立能力，别看黄帅年纪小，但他早早就能帮助我们洗衣做饭了。"听到这些，我佩服地向他伸出大拇指，他看见后，含蓄地笑了笑。聊着聊着，他开始和我亲近起来，给我看他过去的相片，讲以前发生的事。就这样，一次家访不仅使我走进了黄帅的家，也走进了他的心，我们成了好朋友。

第二步：家校携手，动之以情、晓之以理

为了尽快帮助黄帅改掉私拿别人东西的毛病，我给他的父母打去了电话。经过协商，我们采取了拨动良知，使之动情；晓以危害，使之明理的做法。我有意识地安排他"旁听"我和丢钱学生的谈话。整整一周，他目睹了丢钱人的哭诉，了解了丢钱人的焦急，知道自己的行为给别人造成的身体与精神上的伤害，他动情了，心愧了。接下来，他的父母又以善意的谎言心急如焚地告诉他："今天卖菜的收入丢了。"对于这样一个顾家的孩子来说，他太能体会父母的心情了。他开始痛恨自己的坏习惯，流着泪对我说："我要改！"

第三步：家校共育，躲避诱惑、锻炼意志

在帮助黄帅改正缺点的过程中，我和他的父母时常通过网络、微信联系，从细从严、由易到难地诱导。我们采取了"躲避诱惑""锻炼意志"等具体方法措施，引导、帮助他较好地改掉了私拿别人东西的毛病。我还注意把握、捕捉、创造教育的时机，促成、推动、巩固他的转变。一次，他捡到一块橡皮交给我，我抓住这个教育机会，创造出教育的价值，让他体验一下"拾金不昧"在心灵上的感受，教给他"拾金"后应该怎么想。我组织学生讨论："他捡到东西后是怎么想的。"大家的发言实际上给他上了一节"为别人着想"的思想品德课。然后我奖给他一个漂亮的日记本。这次表扬鼓励，起到了"催化剂"的作用，激发了他的自尊心和上进心，使他产生了再进步和继续做好事的愿望。后来在他身上又出现了几件拾钱物交公的好事。他的学习、纪律也明显进步。

第四步：家校同谋，兴趣转移、树立自信

在帮助黄帅同学改掉私拿别人东西的毛病的同时，我再次走进了黄帅的家。我向黄帅的父母提出一个建议：建议父母帮助黄帅找到自己感兴趣的事情做。这样不仅可以提升孩子的自身能力，还可以树立孩子的自信心。黄帅父母听了频频点头，表示赞同我的提议。他们告诉我："黄帅的手可巧了，折纸、画画、钉纽扣、捏个小泥人等都做得非常好。"从他的特长考虑，我让黄帅协助宣传委员做好板报、墙报工作；在和黄帅商量后，父母还给他报名参加课外英语班。三个月过去了，我们班里再也没有出现丢东西的情况。班里的板报、墙报在校评比中也多次获得好评。黄帅在多次英语测试中，也取得了好成绩。他还时常当起小老师，负责帮助学习英语有困难的同学呢！

可见，传统家访与现代电子、网络联系方式相结合，给我的班主任工作带来了便捷，提高了教育成功率。眼看着黄帅的转变，我不禁欣喜，只要我们勤于探索、肯动脑，家校携手共同在广阔的心灵世界中播种耕耘，祖国的花朵定将枝繁叶茂、艳丽夺目！

教育学生需要耐心与智慧

郝娜

前段时间，我们班有几个同学只要一外出站队，就磨磨蹭蹭不肯出教室，好像有什么密谋，有几次都是在我的催促下，他们才不情愿地出来和大家一起站队。其中有个小顽童名叫赵万豪，他平时总爱招惹同学，惹得同学叫嚷。有一次要上体育课时，他们又开始磨磨蹭蹭，迟迟不肯站队。我催他们快点，淘气的赵万豪竟然和我玩起捉迷藏！那一次，我真的被他惹火了，那火气"噌"的一下子蹿了上来，无法控制。不管三七二十一，我抓住他的衣角，不知哪来的力气，一下子将他拉出座位。他慑于我的举动，只好乖乖地去上体育课，其他几个磨蹭的同学也灰溜溜地跟着站队去了。这件事就这样粗鲁地解决了，可我的心里却一直不平静。

在一次教师培训中，心理学老师让我们说说"核桃"的特点。"核桃"人人都熟悉，随口就能说出四五个特点。可是老师并不满足，他让我们亲自去看一看、摸一摸、掂一掂、尝一尝。没想到这个心理老师细致到极点：他让我们含一块核桃仁在嘴里，不许吃；然后用牙把核桃仁分成两半继续含着尝味，再把已经两半的核桃仁分成四瓣。哈哈，有些老师实在无法进行了，忍不住笑出了声。没想到，通过这个实验我竟然能把核桃的特点说出二十四种之多。这时老师告诉我们："察觉核桃的特点是小事，我们要用这种耐心去对待我们的学生……"听到这，我再次为自己的粗鲁行为感到脸红……

带着教师培训中的新感受，我走进了教室。这时，我发现那几个平时磨蹭的同学正围在一起。他们见了我，就像老鼠见了猫，立刻坐回自己的座位，生怕我批评他们。我意识到自己的教育方式已经拉远了我和孩子们的距离，但从现在这一刻，我要改变。"这是课间，你们接着玩吧！"我微笑着说。"哦！"赵万豪受宠若惊地答了一声。我走到他们中间，看看他们正在玩"拍卡片"的游戏。为了打消他们对我的"畏惧"，我蹲下来也和他们一起凑热闹。在我的打听下，我才明白，这种卡片上的人物都是动画片里具有战斗力的人物，孩子们是他们的"粉丝"。

十分钟的课间虽然很快过去，但我用耐心去察觉孩子的决心仍然继续。每次放学或是去其他教室上课时，我都会在组织孩子们站队的同时，留心看一看那几个磨蹭的同学。可是，他们还是用故意整理衣服、收拾书本、系鞋带来和我周旋、耗时间。

这可怎么办呢？"沟通"！对，沟通是走进学生心灵的必由之路。我心里暗喜。在几个课间，我分别找了这几个爱磨蹭同学谈心。我终于发现了他们的秘密。原来，他们是想趁着同学们都到别的教室上课时，在班里痛快地玩拍卡片！多么幼稚的想法啊。我耐心地和他们说了不去上课、学不到新知识的遗憾，告诉他们想玩拍卡片可以在课间、在活动课上、在放学后。并和他们约定，只要他们按时排队去上课，我就每周抽出两个放学的时间陪他们一起拍卡片。听说老师也要玩拍卡片，他们兴奋地同意了我的要求。

这件小事虽然解决了，但引出我更多对教育学生的思考：与其苦口婆心地劝说，不如让学生在丰富的活动体验中生成内在动力，从而转化为外在的自觉遵守纪律的行为。我在班中开展了"我的表现"记录活动。每月每人一张"我的表现"记录卡，学生可以对卡片的四周自由装饰。样式如图：

从周一到周五，每天晚放学前都要有小组长在大家的见证下记录，只要学生在校表现遵守纪律，就可以得到一个小对钩。这项活动开展起来，学生们兴趣十足，每天都自觉严格要求自己遵守纪律。在学校路队、卫生、升旗仪式、楼道纪律、课堂纪律各项评

每个学生每月一张记录卡，把新记录卡的上边缘贴在上一月记录卡的上边，这样，每个孩子就有了成长记录册，可以翻动查看

全班四十名同学的记录卡围绕墙壁贴起来，构成我们班的文化墙

比中，我们班都得到了好评。而班中那几个爱磨蹭的小孩呢？哈哈，他们早就争着变成自觉遵守纪律的好孩子啦！

有了"我的表现"记录卡，学生的纪律不再让我操心，班级文化墙也创办起来了，我依次又开展了争当"书写标兵"和"小状元"的活动。只要孩子们把每次的作业书写整洁就可以得到"书写标兵"的小卡片；只要一次把作业全写对，就可以得到"小状元"的小卡片。这样又解决了孩子们字迹乱、作业粗心的问题。每个月我们都会清点孩子们得到几个"书写标兵"和"小状元"，公示表扬。

孩子们非常珍惜自己得到的荣誉，把小奖片收进精美的盒子里保存

小干部正在清点和记录同学们得到小奖片的数量。一会儿要公示表扬哦

通过这些活动，我深刻地体会到：作为一名小学老师，尤其是班主任，必须要有爱心和耐心。尽管工作繁忙，尽管教育孩子十分操心，而且操碎了心，有时让你哭笑不得，有时让你气得发疯，但你必须忍耐、忍耐、再忍耐。静下心来，想一想，他们才是七八岁的孩子，我们应该抱着耐心去洞察他们为什么会犯错，再多用点耐心想想：用怎样的活动去改变他们的行为。做个拥有耐心与智慧的老师，教育自然水到渠成！

我得了很多"书写标兵"和
"小状元"，我真棒

展评结合　促进新生能力提升

郝娜

我国古代思想家、教育家孔子曾说过："少成若天性，习惯成自然。"可见，新生入学最重要的是养成教育。一年级的小学生步入学校，这是他们校园生活的开始。那群活泼可爱的孩子，他们兴奋时又蹦又跳，课上千姿百态，书写字迹歪歪扭扭，朗读时眼睛不看书，课间抬腿便跑，说话时争先恐后……要想帮助他们养成良好的行为习惯和学习习惯，还真要多花些心思和时间。通过多年的低年级工作，我认为展评结合的方法，既能促使低年级学生养成良好的习惯，又可以快速提升其能力。

一、日常行为习惯养成，有展有评

为了帮助新入学的小同学尽快适应学校生活的要求与规则，我们编排了简短易记的小儿歌。如：写字前，我们可以和小同学一起说儿歌，提示书写姿势——书写姿势要做到"身体坐端正，小脚要并齐"；握笔姿势要准确——"大指食指捏着，三指四指托着，小指收着"；想让班里喧闹的气氛很快安静下来，可以师生对说——"请你快坐好，我就快做好。请你快安静，我就快安静"；为了帮助学生养成专注读书的习惯，师生可以合说——"读书时：左手扶书，右手指书，眼睛看书，嘴巴读书"……每次口令一出，教师要善于发现做得好的同学，立刻在集体中给予肯定，此时，会出现更多做得好的小同学。几次下来，同学们只要听到口令就会做好。

平时走队、做早操、早读、午读、摆放学习用品、卫生、升旗仪式、楼道纪律等，做到有榜样就展示给大家看，并给予高度好评。

马斯洛需要层次理论指出：人人都需要被尊重、被肯定。对于七岁的孩子来说，他们一样需要被肯定。当他们做好一件事，得到老师和同伴的赞扬、肯定及学习时，他们内心会产生自我实现感，他们会觉得在集体中发挥了正能量，在集体中有存在地位。

故此，日常行为习惯养成要展评结合，相信每个孩子都能做得好，激励每个孩子都做得好。

二、专项能力培养，有展有评

新入学的小同学由于年纪小，手部小肌肉群发育不完善，在书写作业时表现出动作机械不灵活。为了鼓励小同学认真书写、提高正确率，我们开展了争当"书写标兵"和"小状元"的活动。只要孩子们把每次的作业书写整洁就可以得到"书写标兵"的小卡片；只要一次把作业全写对，就可以得到"小状元"的小卡片。"书写标兵"和"小状元"的作业每次都在集体中展示，孩子们有了榜样，就学习榜样。这样既杜绝了孩子们字迹乱、作业粗心的问题，又激发了孩子们专注书写的好习惯的形成。每个月我们都会清点孩子们得到几个"书写标兵"和"小状元"，然后公示表扬。

孩子们在家中都是小公主、小王子，他们过着被娇惯的生活。刚刚步入小学，没有几个孩子会打扫教室卫生，这可怎么办呢？想来想去，我在班会中告诉孩子们："上了小学，我们就成了班级中的一员，我们每个人都要学着为班级做事情。每天把教室打扫干净，在整洁的教室里学习，多开心啊！不会做不要紧，只要我们肯学就一定能学会。"孩子们频频点头，跃跃欲试。这样，我顺利地将孩子们分成小组，每天都有专人打扫教室卫生。我手把手地教孩子们怎样扫地、怎样擦地。家长们看在眼里，喜在心上，大家都在说："这样真好！从小培养孩子们爱劳动的意识，锻炼孩子们参加劳动的能力。"开始我一个人教，最后变成家长们都来教孩子怎样打扫教室。老师、家长教得细致，孩子们学得认

我是班级小主人。我正在学习扫地，我要把教室打扫得干干净净

真。第二天，孩子们来上学，大家一起夸小值日生卫生工作做得好。

有教养专家指出：坚持 21 天，就可以养成好习惯！我们将展与评相结合，旨在培养一年级新生良好的行为习惯和学习习惯。只要我们坚持展评结合，就将有利于学生认知正确行为、学习榜样，并将其转化为自身的行为习惯，促进专项能力提升，使其终身受益。

重视家校共育，让学生健康快乐成长

窦嘉雯

【内容摘要】在生活水平不断发展的今天，我们立足于新时代，不管是教育者还是家长，已经有越来越多的人认识到，社会环境日益复杂，对于学生的教育，不能只单纯地依靠学校，想要学生身心能够得到健康的发展，需要家庭、学校和社会相互配合，共同携手，构建出一个完善的教育网络。我们都知道，社会是教育环境的背景，想要改变社会大环境，需要我们每一个人严于律己，共同努力，这是一项需要长期坚持，但是在短期内见效甚微的工作，所以在教育网络中，家庭教育和学校教育最为重要。作为孩子的第一位教师，父母应注重家庭教育，言传身教，做好学生的榜样，而作为学生们的班主任，我则需要在完成校内工作的同时，关注学生校外生活，与家长配合，实行家校共育。

在生活水平不断提高的今天，我们立足于新时代，不管是教育者还是家长，已经有越来越多的人认识到，社会环境日益复杂，对于学生的教育，不能只单纯地依靠学校，想要学生身心能够得到健康的发展，需要家庭、学校和社会相互配合，共同携手，构建出一个完善的教育网络。

我们都知道，社会是教育环境的背景，想要改变社会大环境，需要我们每一个人严于律己，共同努力，这是一项需要长期坚持、在短期内见效甚微的工作，所以在教育网络中，家庭教育和学校教育最为重要。作为孩子的第一位教师，父母应注重家庭教育，言传身教，做好学生的榜样；作为学生们的班主任，我则需要在完成校内工作的同时，关注学生校外生活，与家长配合，实行家校共育。

平时，我利用家访、电话、微信等方式与班级的学生家长保持联系，及时将学生在学校的情况反映给家长，同时了解学生在校外的一些动态，这样更方便与家长互相配合，在校园和家里共同帮助学生改正错误和不良习惯，解决学习和生活上的困难，让学生得到正确的引导和教育，将重心放在自我培养上。

我们班的学生小聪是一位活泼好动、热情健康的男同学，他平时最喜欢读书，各式各样的书籍，他每一类都可以读得非常熟；可个人卫生习惯不好，用的东西丢得到处都是；他常常没有组织纪律性，有时候列队走时，别的同学都有秩序地喊着口号，迈着整齐的步子，只有他蹦蹦跳跳，影响了整个队列；有时候跟同学一起玩，他过于敏感激动，常常不知道玩笑尺度，导致同学之间产生矛盾，继而发生肢体冲突。诸如此类的事情不胜枚举，同学们都离他远远的，家长也常常跟我反映，孩子回家说跟他发生冲突，很多学生家长都知道这名学生，甚至直接越过我去找他妈妈聊孩子的问题，因此我跟他的家长都十分头疼。

后来经过一件事，我发现其实在他的顽劣背后，还有另外一面。有一次，他乱跑乱撞，撞破了一个孩子的鼻子。那孩子顿时鼻血哗哗直流。他的妈妈得到消息第一时间赶来，一边忙着送那位受伤同学去医院，一边鞠躬道歉，掉下了眼泪。他知道自己闯了大祸，看着妈妈这样，也跟着心酸不已，又后悔又慌乱，他拉着妈妈的手，生怕妈妈会厌弃他，又愧疚地跑去给同学擦眼泪赔不是。

通过他在这件事中的表现，我发现了他的另一面，为了找出他顽劣的根本原因，我跟他妈妈进行了一次深入的面谈。原来父母对孩子的要求很严格，从小就不允许他犯一点点错误，犯错误后，无论大小，都会严厉地惩罚他，时间长了，孩子在家压抑太久，与人相处时放大了自卑心理，常以吼叫、暴力等错误方式与人相处，不太善于和别人耐心交流。

掌握到这些情况后，我知道想要改变他，就一定要让他的父母改变原有的家庭教育方式，而我在学校，也要配合家长进行家校共育。我开始收集一些家长育儿的知识，然后利用与家长联系的平台进行分享，让家长通过学习，从根本上认识到家庭教育出现的问题和错误，并进行调整。并且，每周我都会跟家长通一次电话，一起探讨小聪在学校和家里的表现，研究出接下来家长和学校应该配合做哪方面的引导教育。为了让同学们和家长对小聪的印象有所改观，在家长会和班会等活动中，向家长和学生讲述小聪的另一面：善良，聪明，爱运动等。并对他近期的改变向家长和学生进行汇报，让大家开始试着接纳他。在日常班级的活动中，我根据他的性格特点，让他积极参与到活动中来，比如参加运动会比赛、做一日生活委员等，这些活动既让同学们在集体竞技中增加了对小聪的好感，也让他与同学之间的距离变得更近更融洽，他也更有自信心了。而做生活委员的时候，要整理班级的一些备品，他在这个过程中体会到了整理的不易，改掉了乱丢乱放的坏习惯。

经过努力，小聪的家长在家庭教育这个环节进行了合理的调整，因此家校共育进行得十分顺利，仅仅一个学期，小聪就从一个问题多多、被人嫌弃的"脱缰野马"变成了团结同学、乐于助人的优秀学生，他的改变让我和家长都觉得欢喜和欣慰。通过小聪这名学生家校共育的例子，我们可以看出家庭教育对于孩子的教育非常重要。现在社会的生活压力比较大，家长们常常忙于工作，却又对孩子"望子成龙"，导致孩子在错误的教育环境下成长，无法享受家庭的关爱，没有得到好的引导和教育，形成了不善与人交流、暴躁易怒内向孤僻等性格特点。因此，学校和教师应重视家校共育这一块，让学生在家庭中得到关爱和正确引导，健康快乐地成长。

持之以恒是拯救坏习惯的良药

——我的习惯养成教育案例

窦嘉雯

作为一名年轻的语文老师，当我接受学校安排成为一名班主任时，心里是忐忑的。小学时期的学生年龄小，各项行为规范都还在养成的初级阶段，为了能够担起重任，我经常向比我年长、教龄长的优秀班主任取经，还经常在网上查阅一些资料，以丰富、武装自己的头脑，让自己尽快进入班主任的角色，成为一名合格的班主任，让学生们在儿童时期养成良好的行为习惯，为将来他们的学习和生活打好坚实的基础。

我将习惯养成教育放在自己工作的首要位置，并不断督促自己持之以恒，坚持到底。好在功夫不负有心人，我的努力也颇见成效。在我刚开始带班的时候，最让我头疼的就是班级纪律的问题。一年级的学生都比较好动、爱说，上课的时候总要维持几次纪律，这样不但影响了教学质量，让老师们身心疲惫，长此以往也会让学生们形成不好的学习习惯，导致今后学习方面出现更多严重的问题。举个例子来说，在我的班级里，有一位同学，他平时上课喜欢和同学说话打闹，常常溜号，作业完成得也马马虎虎。他的这些行为影响到了周围的同学，家长对此也是怨声载道。在与家长沟通联系后，我在学校也开始密切关注他的行为，以找到解决问题的根本方法。我发现，他上课有时也想好好听讲，可就是时常认真一会儿就没了热情，转头扯着同学说话去了。为了改善这一情况，我将他的位置调到离讲台比较近的地方，在课上，积极鼓励他回答问题、朗读课文等，以保证他的专注力一直跟着讲课进度走。一开始，即便如此，他还是会在我没有提问的时候，在课堂上溜号，也有我提问问题他回答不上来的时候，可我没有放弃，不批评，多鼓励，对他不懂的问题也会耐心再讲解一下。

长此以往，他总是因为我的关心和"特别关照"而不好意思，开始不再打扰同学学习，并且主动举手朗读课文，慢慢地也就养成了专注听课的好习惯，作业质量明显得到了提高。在他出现这些变化后，我特意打电话向家长表扬了他，第二天他来到学校非常高兴，对我表示了感谢。借着这个机会，我跟他认真地谈了一次心。"在老师心中，你一直是一位非常优秀的学生，只是没有找到适合自己的学习方法，没关系，你的进步非常大，我和爸爸妈妈都有目共睹，加油，老师相信你会越来越棒！"在我说完这些话时，他的眼睛亮晶晶的，用力点着头，昂首挺胸地跟我做了保证："老师，我一定好好学习，考出个好成绩不让您失望。"从此以后，我一直保持在课上给他朗诵、回答问题、参与活动的机会，并在作业、作文的批示上予以鼓励和建议，同时与家长沟通好，对于他的努力多做鼓励，适当嘉奖。现在，这名学生的成绩已经到了中游的程度，养成了良好的学习习惯，这一点让人非常欣喜。现在我已经带班三年了，班级纪律维持得非常好，这跟我持之以恒地培养学生学习习惯有分不开的关系。其实大多数学生并不是天生爱调皮捣蛋，不遵守纪律，只是他们还没有找到学习的动力，作为教师，引导学生认真听讲，让学生多参与，多鼓励他们，给他们信心，坚持下去，一定会帮助大多数学生养成良好的学习习惯。

每一位教师都应该重视学生的习惯养成，往小了说，学生养成良好的行为习惯，对其自身的学习生活益处多多；往大了说，一个善于习惯养成教育的教师，必然会引导学生养成良好的行为习惯，成为一个高素质的人，而一个个高素质学生终会成长成高素质栋梁之材，从而建设祖国，让祖国的未来更加美好！

在我心里，你们是最可爱的学生

窦嘉雯

其实，在我眼里和心里，我的学生们是最可爱的。

他们如同一张白纸，干净纯粹，等待着一笔一笔绘出自己的彩色人生。

我喜欢在三尺讲台之上，望着他们整齐看向我的目光，那里有对知识的渴求；也喜欢他们在课余时，找我倾诉谈心，探讨行为的对与错。

在他们的眼里，我不只是一位语文老师，不只是年轻的班主任，还是一位知心的朋友，是他们道德的楷模。

如果说知识在人生中占有重要的位置，那么德行则是人生中的重中之重。我要做那种不只教书还要育人的老师。

我对学生们说过：未来我们祖国人民的素质会普遍提高，因为那个时候，你们长大了，世界欢迎的是你们，看到最多的，也是你们。

我的学生们很可爱，他们马上懂了，自己未来要做优秀的人，在上道德思想课时，他们听得很认真，然后记在心里，有什么不明白的都会来找我问。

我发现，其实大多数学生都是积极向上的，都想做一个有修养、德行好的学生，可他们总是碰到层层阻碍，首当其冲，就是原生家庭所带给他们的生活环境。

我有个可爱的学生，但是在周围的同学眼里，他曾经很不可爱。曾经，我的这名学生经常跟同学产生矛盾，甚至发生冲突，他的情绪极容易失控，一发起脾气来，对什么都不管不顾。

他会因为一点小事就对同学大喊大叫，有时候同学路过的时候不小心碰到他，他都会认为对方是故意的，与对方发生激烈的冲突。

刚开始我批评过他很多次，但是没有什么好的效果。我很疑惑，一个一年级的孩子，是什么致使他变成这个样子的呢？直到有次我在校门外碰到前来接他的妈妈，这才明白，我的这位学生为什么这么极端，而且屡教不改。

当我跟他的妈妈沟通时，刚说完他的一些不当行为，我学生的妈妈便开始大声吼他了，在母亲的面目狰狞和声嘶力竭下，我看到了那名学生眼中深深的恐惧。

此情此景使我忽然想到，完全依赖于理论上的德育和一问一答式的死板交流，是没办法战胜孩子在原生家庭中根深蒂固的思考和处事方式的。

为此我几乎想了半晚，我想起跟这名学生相处的种种来。他尖锐、极端的处理方式，应该跟他的家庭教育方式有关，并且在我们谈话的时候，他的眼神飘忽不定，不敢与我直视，这点让我觉得他不够自信，内心其实非常胆怯。

一个什么样的孩子，会不自信且胆怯呢？我的头脑里浮现出他在母亲面前的无助和恐惧来，心中已经有了答案。

一个缺少爱和温暖的孩子会不自信且胆怯，而这样的孩子会更极端，处理方式更激烈，以此来保护自己。

想明白后，第二天，我又找他谈了一次话。

这次，我没有批评他，而是跟他谈心。当他发现我是真的和他说心里话的时候，这个平时顽固执拗的小男孩一下流出了泪水。

"老师，我害怕我的爸爸妈妈。"他掉着眼泪跟我说，父母在家里有矛盾就会激烈地争吵，如果他做错事情也会不分缘由地冲他发火大声嚷嚷，甚至动用暴力来惩罚他。

果然事情跟我想的一样，眼下我要好好劝导他，这对于他以后能否做一个有修养、德行好的人很重要。

"爸爸妈妈那样对你的时候，你是否觉得很难过呢？"我先问他。

他点了点头。

我继续问道："那你以同样的方式去对待同学，同学会不会很难过呢？"这次他没有回答，只是低着头沉思，我知道他是听进去了。

"己所不欲勿施于人，就连你自己都觉得不好的情绪也不应该强加到同学身上，你说对不对？"我的学生点了点头，我知道他接受了这个说法，剩下的，就是在今后如何去改变他因为习惯而下意识的过激行为了。

我先找了学生的妈妈，跟她耐心地谈论这个问题。一开始，她还很防备我，可当她发现我是真心想帮助她跟孩子的时候，也流下了辛酸的眼泪，并向我诉说了教育孩子实在是不容易的一件事。

敞开心扉后，我经常会和这位家长联系，将学生一些好的改变告诉她，并鼓励她换方法去教育孩子。

与此同时，我还关注着这名学生在学校的举动。在他出现不恰当言行时，我都会去跟他谈论这件事，将道理分析明白给他听。

我的双管齐下和实例德育取得了非常大的成效，这位学生不但学会理智地处理同学之间的问题，还开始帮助同学，性格也温和稳定了很多。

看到他和家长发自内心的笑容，我心里也充满了阳光，感受到了作为人民教师的喜悦。

孩子是国家的未来，那么作为教师，国家的未来掌握在我们的手中。

教人亦教己，身在此位，必须以德配位。为此，我一定做一名堪称道德楷模的老师，也请我可爱的学生们昂首向前，在祖国的天地间，做一个一身正气的人！

浅谈"学困生"的转化

李兰娜

"学困生"是很多数学教师挠头的一个大问题。随着年级的增长,"学困生"成为全面提高数学教学质量的关键。如何转化"学困生",我试着从以下几个方面进行了尝试,收到了良好的效果。下面用我教学工作中的事例进行说明。

我刚接任的班级中有这样两名"学困生":甲同学智力并不是太差,但是无论是以前的老师和同学还是他自己,都认为他是个名副其实的后进生,他写字较慢,字迹又很乱,几乎每次考试都是五六十分,从来没高过。乙同学很少写家庭作业,考试从来没超过 60 分。

一、分析其学习差的原因

"知己知彼,百战百胜。"只有知道了他们差的原因,才能帮其对症下药,提高成绩。甲同学因为以前大家一直认为他是"学困生",再加上自己成绩也没高过,所以有点自暴自弃,不好好写作业,不认真听讲;乙同学是来京务工人员子女,家庭没有提供一个好的学习环境,这个孩子放学后不写作业,而是去玩,家长根本不管。

我了解了这两名同学学习成绩差的原因后,针对他们的具体情况采取了有效的转化策略。

二、要看到"学困生"的优点，使其发扬

一名有经验的教师比较善于捕捉"学困生"的优点，并及时对他们的优点给以肯定，从而点燃孩子进取的火花。"鼓励中长大的孩子充满自信，批评中长大的孩子感到自卑。"这句教育格言值得我们深思。教师要掌握他们脆弱的心理，在政策上多倾斜，生活中多帮助，感情上多交流，细心观察留意他们的闪光点，抓住其闪光点让其优点更优，给他们创造适合他们发展的小天地。

甲同学上课纪律好，乙同学课上爱举手发言，我抓住他们这些优点循循善诱，他们既掌握了知识，又增强了进取心。

三、培养"学困生"良好的学习态度

"学困生"学习差的主要原因是没有一个良好的学习态度，学习意志不能长久。三天打鱼两天晒网是对"学困生"学习态度的评价，"学困生"不能长久保持学习的愿望，日积月累，知识不牢固，就会遗忘。培养"学困生"良好的学习态度，针对"学困生"学习积极性不高、态度不够端正、厌学情绪严重，教育其认识学习重要性是关键。首先要对"学困生"进行学习目的的教育，告诉学生：现状告诉我们，不管在哪个领域都需要人才、重视知识，没有知识或一技之长在社会上则无立足之地。使他们认识到学习知识的重要性，没有文化，将来走上社会就不会有一份好的工作，没有好的前途，更谈不上成为国家的栋梁，为国家为社会做出大贡献。教师还可以结合教学内容对"学困生"进行学习目的教育，也可以结合具体问题指导"学困生"体会数学知识的作用，进一步强化"学困生"的学习目的。同时，要帮助"学困生"克服学习中的困难，从而锻炼他的意志。"学困生"往往因为学不会而放弃学习，教师在安排学习任务时，要使"学困生""跳一跳，够得到"，慢慢发展其思维。

四、给"学困生"创造条件，促其参与

经常与他们谈心沟通、问寒问暖，以解决他们思想上的包袱，解决生活中的困难，让他们全身心投入到学习中去。在教学中优先考虑他们，多给予帮助和肯定，即使是点滴进步，微不足道的一点，都应该给予肯定和表扬；在班级里设进步奖，给予鼓励；另外多给他们创造一些表现的机会，让他们获得成功，使他们感到有一种成就感，有一种成功的喜悦，激励他们永不放弃，努力拼搏。

（一）优先答题

教师提出一个问题后，优先让"学困生"回答，只要他主动举手，不管他答对还是答错，都尽可能地表扬他，对"学困生"实施无错原则，努力鼓舞"学困生"的上进心。

（二）优先板演

遇到在黑板上做题的时候，优先让"学困生"进行板演，这样教师可以及时了解"学困生"的学习情况。做对了，及时表扬，增加他的自信；做错了，教师可以及时帮他们改正错误，加深他们对知识的理解。

（三）学习指导优先

"学困生"学习上有困难，教师要优先指导。

五、排除惰性心理

有些"学困生"，并不是先天智力差，而是由于学习中的惰性造成的。如我班甲同学和乙同学就是因学习上的惰性而渐渐成为"学困生"的，我先使他们认识到学习知识的重要性，接着我对他们加强督促，"扶他上路"。我先帮他们复习，让他们掌握旧知识，经过一段时间后，他们进步了不少，一次考试，他们两个都尝到了一点进步的甜头。接着，我乘胜追击。经过多次的努力，他们的数学成绩有了显著的进步。这时，我又送给了他们一句名人名言："成功等于百分之九十九的汗水加百分之一的灵感。"后来他们真的变得勤奋了。

六、关心爱护"学困生"

　　教师要用爱让"学困生"树立信心，看到自己的进步，知道老师心中有我，并不断努力，逐步走向成功。

　　我们都希望学生不再是"学困生"，这完全是有可能的，让我们尽我们最大的努力转化"学困生"。

为建设祖国而奋斗

——听《黄河大合唱》有感

李新曼

黄河，中国的母亲河，有着悠久历史的它，见证着中国的一系列变迁，既有抗日战争时期中国人民所遭受的苦难，也有中国改革开放四十年来祖国高速发展与所取得的成就。

"风在吼。马在叫。黄河在咆哮。黄河在咆哮。河西山冈万丈高。河东河北高粱熟了。万山丛中，抗日英雄真不少！青纱帐里，游击健儿逞英豪！端起了土枪洋枪，挥动着大刀长矛，保卫家乡！保卫黄河！保卫华北！保卫全中国！"每每想到黄河，或者见到黄河水奔涌不息的图片或视频时，这段乐曲就会在我耳畔盘旋，带给我无穷无尽的力量。

这段气势磅礴的乐曲出自闻名遐迩的《黄河大合唱》，是《黄河大合唱》中的第七乐章——《保卫黄河》。它表现了游击健儿的英勇气概，是人民战争壮阔场面的战斗进行曲。"龙格龙格龙格龙"的衬词此起彼伏，波澜壮阔的宏伟场面和乐观主义的民族精神跃然眼前。

《黄河大合唱》，用雄壮，用呐喊，用号召，震撼了我，歌颂了刚强不屈的华夏儿女。中华民族是一个伟大的民族，因为她有着伟大的人民。这是高昂，这是沉厚，这是凄婉，这是悲壮。听《黄河大合唱》的心情，是气势磅礴，是震荡耳际，是心境复杂的。很多人知道《黄河大合唱》。它如黄河奔流，波涛汹涌，九曲连环；如雪山崩颓，烟消云散。它用自己的整个生命与激情谱写了这曲感人肺腑的乐章，诗一般的语言与激昂的旋律完美地交融在一起，那种和谐与坚定，就像是紧紧团结在一起的中国人民，是勤劳勇敢，是乐观无畏，是坚强伟大，是不可战胜的！

《黄河大合唱》以中华民族的发祥地黄河为背景，由七种不同演唱形式的歌曲构成，热情歌颂了中华民族悠久的历史，控诉侵略者的残暴，并展现了中国人民与日本侵略者奋勇斗争的英勇场面，勾画出了中国人民保卫祖国、顽强抗击侵略者的壮丽画卷，热情地讴歌了中华儿女不屈不挠保卫祖国的必胜信念。它以高昂的节奏歌唱了黄河的博大雄姿，以热情奔放的旋律赞美了中华民族的灿烂文化，以热情激昂的歌词颂扬了中华民族的英雄气概。它始终激励着中华儿女的爱国热情！《黄河大合唱》深深感染着我。要知道，我们现在的幸福生活来之不易，是无数革命先烈用生命换来的。我们的革命先辈忧国忧民，前仆后继，不惜流血牺牲，用生命谱写了一曲曲悲壮的战歌。今天，建设祖国，实现中华民族的大国崛起，是每个中国人的共同心愿，也是我们青年一代义不容辞的责任。

习近平总书记2014年9月9日到北京师范大学看望教师学生时强调：百年大计，教育为本。教育大计，教师为本。国家繁荣、民族振兴、教育发展，需要我们大力培养造就一支师德高尚、业务精湛、结构合理、充满活力的高素质专业化教师队伍，需要涌现一大批好老师。全国广大教师要做有理想信念、有道德情操、有扎实知识、有仁爱之心的好老师，为发展具有中国特色、世界水平的现代教育，培养社会主义事业建设者和接班人作出更大贡献。

作为一名青年教师，我们身上肩负着为祖国培养新一代接班人的重任。我们不能辜负祖国赋予我们的责任。为了更好地完成我们的使命，我们要时刻提醒自己，做到三个"负责"：首先，对自己的学生负责。教书育人应是面对全体学生。当我们教师踏进校门的那一刻起，便对每一位学生负起责任，必须关爱学生，尊重学生人格，促进他们在品德、智力、体质各方面都得到发展。其次，对学生的未来负责。教育是一个长期发展的过程，同时又是环环相扣的过程。一个环节出现缺陷会给其他环节造成困难，从而影响学生的正常成长。我们教师应该立足现今，着眼未来，以苦为乐，甘于寂寞，勤勤恳恳，充当人梯，负起我们这个光荣而艰巨的任务。为后代着想，为家长负责，为学生负责，为我们祖国求千秋大业负责。最后，对所授的知识负责。教师所传授的知识，对学生来说都是新知识，对知识的第一印象会给学生留下根深蒂固的影响。教师的教授内容必须准确、科学。教书育人是一项职责重大的严肃工作，来不得半点虚假、敷衍和马虎，不允许有含糊不清和错误的概念出现。要保证学生真正掌握知识，作为教师，不能用照本宣科、满堂灌等方法来教育学生。这样，就要求教师自身应当有渊博的知识、通达的学识，应当能够对科学知识的严密系统有通透的理解，如此才能在教学过程中做到钩深致远，游刃有余，知识才能被学生所接受理解，内化为学生的知识结构，并转化为学生解决问题的能力，才能完成知识传授的过程。

教师不仅仅是一种职业，还是太阳下最光辉的事业。教师在人类社会发展中起着桥梁和纽带作用，承担着人的思想文化传播、新生一代的培养、各种社会所需要的人才的造就等艰巨任务。我们只有不断提高自身的道德素养，才能培养出明礼诚信、自尊、自爱、自信、有创新精神的高素质人才。

《黄河大合唱》是成功的，因为它表达了人民的心声，它唤醒了人民的灵魂，激起了人民的斗志！它所呈现的那种精神是无论在哪个年代我们都应该具备的！尤其是我们这些肩负着建设祖国重任的青年人更应该具备。我，作为一名生活在和平年代的青年人，作为一名祖国日新月异变化的经历者，作为一名祖国教育战线的工作者，要牢记祖国光荣的抗战历史，不忘国耻，热爱祖国，珍惜和平年代的幸福生活，从我做起，努力工作，不断进取，用知识武装头脑，用自己的学识报效祖国，为祖国培养出更多合格的接班人、建设者！

气势磅礴，引人入胜的《黄河大合唱》，清浊之音，千古绝唱！

我与"那些花儿"的斗争

王佳贺

"那片笑声让我想起，我的那些花儿，在我生命每个角落静静为我开着……"每次听到这首歌，我都会想到我的那些别样的花儿。2017年刚毕业的我，怀着满腔热情成为一名班主任。经过了一年班主任的工作，我才从内心真正体会到班主任工作的烦琐与责任重大。而我与"那些花儿"一次次的"斗争"恰恰使我经历了从"0起点"到"学会如何处理事件"的自我成长之旅。

第一次斗争——简单解决

上午第一节课课间，吴子恒在操场和同学们玩背靠背。刘凯文看见了觉得有意思，从身后扑向了正在背着宋志龙的吴子恒。二人毫无防备地被扑倒在地，又气又恼，从地上爬起来就与刘凯文对打起来。宋志龙个子小，力量弱，没过两招就被刘凯文抓伤了右手、左臂和脸，哭着回到教室向我告状。我忙着带宋志龙先到医务室处理伤口，安慰稳定孩子情绪，然后打电话通知刘凯文的妈妈来校解决此事。我狠狠地把刘凯文训斥一顿，将其各项罪状一一指出。刘凯文的妈妈听完我的"控诉"，表示回去一定好好"教育教育"他。

解决完事情后，我利用中午时间召开临时班会，教育全班学生，和同学在课间做正当游戏，头脑要有安全意识，并再三叮嘱刘凯文课间上厕所必须有我同意才行。下午上完第一节课，我在教室里和同学聊天，刘凯文很听话，向我请示去厕所，我同意了。没想到第二节课的铃声还没响，吴子恒就哭着回来了，手掌都擦破了，渗着血珠。我急忙带他去医务室处理伤口。我一边安慰吴子恒一边问怎么回事。"刘凯文……"我刚听到这个名字，全身的血就涌到了头上，刘凯文，又是刘凯文！我急忙打电话把刚进家门的刘妈妈叫回学校，果然又是一场腥风血雨。我带着怒气罚他写300字的反思，他低头不语地离开了。我与刘凯文的第一次"斗争"就这样简单地结束了。

第二次斗争——愤怒解决

还有三分钟就要上课了，我喝完最后一口冬凌草茶，拿起办公桌上改好的一摞作文本面色阴郁地走进教室。"刘凯文，你站起来！"刚才的那一杯凉茶依旧没能浇灭我心中的怒火，我把作业往讲桌上一放，冲着第一排那个正在和同桌嘻嘻哈哈的小男孩吼道。他被这凭空一喝吓了一跳，抖了一下之后战战兢兢地从座位上站了起来，脸上写满了无辜。"请你来告诉我，你的作文就写几个字是什么意思？到底怎么回事？"我厉声问道。他耷拉着脑袋，沉默地站在座位上，丝毫没有要说话的意思。我愈发愤怒了，三步并作两步地走到他面前，把作文本扔在他面前，坚持质问他原因，语气中更多了份威胁。这时，他才抬起脸看着我，眼里闪烁着泪花，却一言不发。

这当然是我预料之中的表情，因为类似的场景上演过很多次。他越不说话，我越生气，他似乎以为沉默是他的万能挡箭牌。他在班里可是一只出了名的"慢蜗牛"，常常已经上了半节课了，他才从书包里拿出课本；明明已经学到下一页了，他依然在课本的上一页涂涂画画，永远不主动跟着老师走；单独抓他出来写作业，也总是慢吞吞的，一节课也写不出几个字；课间跑操的时候，他也是跟在队伍后面，其他同学说我像赶羊一样，每天都能听到我在呼唤他的名字："凯文，快点跟上！"；找他谈话，他也是不知所措，半天吐不出一个字。有时他在操场玩，当看到我去操场"通缉"他时，他还飞快地躲起来，那时候一点都不像一只慢腾腾的蜗牛，倒是像极了一只矫健的老虎。

一想到之前的种种，我便气不打一处来，依旧怒气冲冲地呵斥道："不会？你当然不会！哪一节课你认真听课了？哪一次作业你认真完成了？哪个问题你举手发言了？课间就知道追跑打闹，看看别的同学都在干什么？要是这样你都能会，那其他同学还需要学习吗？真是越不会越不学！简直没救了！"他不再吱声。

看着泪如雨下的凯文和噤若寒蝉的孩子们，我也被自己的行为吓了一跳。"我对孩子们一直以来的期望不就是他们能够快乐学习、快乐成长吗？"我不由得想起教育专家成尚荣先生说过的话："成人是上帝派到儿童世界的友善使者。"我想，我这副举动，一定是折翼的使者，不然不是应该秉承"和善而坚定"的态度吗？

饮誉全球的教育学家杜威在道德教育的心理标准中曾提出：老师应该重视学生自发的本能和冲动，为其提供足够的发挥运用的机会，发展个体的积极的建设性的能力；提供形成良好的判断所必需的条件，使儿童在形成和检验判断力中不断得到锻炼；提供师生之间、学生之间随意而自由的社交的机会，提供欣赏的机会，使儿童的同情心、是非感和灵敏性得到发展。

第三次斗争——实质解决

期末考试，刘凯文的作文 0 分！看到成绩想到上次在班里愤怒行为带来的后果，我调整情绪，联系了他的家长，得知他在家还是按要求读书的，只不过因为上课没怎么听，许多都不会，字迹也很潦草，加之他对学习根本不上心，甚至都没有意识到自己的落后，所以慢慢地越学越差，学习热情也逐渐降低，才导致了"0 分"的出现。此外我也了解到，他很贪吃，每次放学回家总要像个"小强盗"一样翻箱倒柜地搜刮一番，待吃饱喝足才慢悠悠地写作业。由于拖延，每次作业总要花费很多时间，而且完成效果较差。

接下来我决定对症下药：鉴于他拖延、爱表现的特点，我在学校时刻留意他写笔记的速度，也让同桌课下监督他。同时，也给他家长提了一些建议，推荐他写作业的时候用"番茄工作法"，学习 25 分钟之后才可以奖励他 5 分钟自由活动的时间。并且让家长每天给我微信发他在家读书写字的视频，然后我也会回复一些赞扬的话语，鼓励他坚持下去。我还专门记下每天他表现进步的地方以便给予鼓励，哪怕有时他作业没有完成也会称赞他字写得更好看了。那天作文讲评课上，我第一次在班上念他的作文，对他的文采和出色的想象力大加赞扬。要知道，他的基础不好，语句不通，结构松散。但是只要有一点可取之处，我就放大了来表扬。点评完后，我将本子递给他，告诉他只要注意积累、锤炼语言，他的作文可以更好。我就这样不断地用鼓励、表扬修复与他之间的隔阂，一步步走进他的内心。

渐渐地，他开始越来越亲近我，课堂上读书越来越响亮，回答问题也越来越积极。他妈妈反映他在家读课文和完成作业越来越认真，他的日记内容也越来越生动了，语言还很是幽默。看着他越发灿烂的笑脸，逐渐和其他同学一个频率的学习节奏，我内心倍感欣慰……

三次斗争——反思提升

面对学生的错误行为，简单粗暴的惩罚显得多么地苍白无力！"润物三月雨，催花六月风"。六月风固然能吹塌房屋，吹折树木，但"风止池水平"。而三月的雨柔柔地下，虽不壮观，但润物细无声。

作为一名教师，我应该明白，我们只是朝着最理想的态势去要求在成长阶段的孩子，而不能忽略孩子成长过程中最为需要的情感——尊重，理解，呵护，包容，鼓励。辩证地看待孩子成长中的得与失，采取不同的态度和方式去处理，会收获不一样的成效。记得在教育学书籍中看过一篇小故事，叫作《牵着蜗牛去散步》，其实这里的蜗牛不恰恰就是我们的孩子们吗？现在的他们，或许做事比较慢，或许离我们的期望值很远，或许他们有时候带给我们的是失望是无奈，但是对待他们，我们可以试着去牵引，慢慢地向前去，顺应他们的速度，调整我们的步伐，心平气和地去陪伴，找到彼此间最默契的节奏。

把更多的爱、特别的爱给我的那别样的花儿，是我做班主任该有的情怀！

图书在版编目（CIP）数据

全时空立德树人：力行者的向美之路／王玉霞主编. ——
北京：国际文化出版公司，2021.4
ISBN 978-7-5125-1303-7

I. ①全… II. ①王… III. ①小学教育－教育研究－
文集 IV. ① G622.0-53

中国版本图书馆 CIP 数据核字（2021）第 068033 号

全时空立德树人：力行者的向美之路

主　　编	王玉霞
责任编辑	候娟雅
策　　划	张　旭
美术编辑	邢瑞雪
出版发行	国际文化出版公司
经　　销	全国新华书店
印　　刷	三河市天润建兴印务有限公司
开　　本	710 毫米 ×1000 毫米　　16 开
	14.5 印张　　247 千字
版　　次	2021 年 4 月第 1 版
	2021 年 4 月第 1 次印刷
书　　号	ISBN 978-7-5125-1303-7
定　　价	68.00 元

国际文化出版公司
北京朝阳区东土城路乙 9 号　　　　邮编：100013
总编室：(010) 64271551　　　　传真：(010) 64271578
销售热线：(010) 64271187
传真：(010) 64271187-800
E-mail：icpc@95777.sina.net
http://www.sinoread.com

···· **内容简介** ····

　　学校以"力行教育"特色建设为引
领，挖掘学校历史，彰显校园文化；以
师德建设为抓手，提升教师为人师表、
爱岗敬业、无私奉献精神；以爱国主义
教育为核心，传承国学经典文化；以创
建以情感人、以心育人、润物无声的
"力行德育"特色为目标，传承中华美
德，践行文明礼仪；以丰富多彩的社会
实践活动为载体，以改革学生综合评价
模式为手段，努力达到"教书育人、管
理育人、服务育人"之境界，构建"力
行教育"新的德育体系。

责任编辑　候娟雅

策　　划　张　旭

装帧设计　**大观**|邢瑞雪

ISBN 978-7-5125-1303-7

定价：68.00 元